cómo
elegir y cuidar
una mascota

EDUARDO A. REYNÉS

Cómo elegir y cuidar una mascota
© Longseller, 2005

GERENCIA DE EDICIÓN: Diego F. Barros
EDICIÓN: Virginia Pisano

DIVISIÓN ARTE LONGSELLER
DIRECCIÓN DE ARTE: Adriana Llano
COORDINACIÓN GENERAL: Marcela Rossi
DISEÑO: Javier Saboredo / Diego Schtutman / Laura Pessagno
DIAGRAMACIÓN: Santiago Causa / Mariela Camodeca / Constanza Gibaut

Longseller S.A.
Casa matriz: Avda. San Juan 777
(C1147AAF) Buenos Aires
República Argentina
Internet: www.longseller.com.ar
E-mail: ventas@longseller.com.ar

Reynés, Eduardo
Cómo elegir y cuidar una mascota. – 1ª ed. – Buenos Aires:
Longseller, 2005
128 pp.; 20x13 cm (Guías prácticas)

ISBN 987-550-601-X

1. Mascotas I. Título
CDD 636.7.

Esta edición de 3000 ejemplares se terminó de imprimir
en la Planta Industrial de Longseller S.A., Buenos Aires,
República Argentina, en mayo de 2005.

Cuando la editorial se puso en contacto con el Colegio de Veterinarios de la Provincia de Buenos Aires, distrito número 1, para desarrollar esta guía, enseguida nos interesó la propuesta, porque pensamos que sería de gran utilidad para el público en general. Y si bien asumí la responsabilidad de escribir el texto, este trabajo se armó con el aporte de todos: consulté a especialistas, reuní notas de mis colaboradores, recabé información, y a eso se sumó la experiencia de todos los integrantes del grupo.

Por lo tanto, quiero agradecer a nuestra institución colegiada; a mis colegas Rubén Mentzel, Osvaldo Rinaldi, Jorge Nosenzo, Roberto Viguera, Eduardo Quaine, y a mi hijo y futuro colega Lisandro Reynés, por los invalorables aportes de conocimiento y experiencia que conforman los contenidos de esta obra.

El autor

Í N D I C E

Un integrante más de la familia

Adoptar una mascota, y que ello signifique un beneficio para todos (animales y personas), no es tarea sencilla. Es preciso realizar una adecuada y conciente selección, y contar con el asesoramiento de profesionales, ya que ellos, en el ejercicio diario de su profesión, descubren patologías diversas que bien podrían haberse evitado o detectado antes si el dueño de la mascota hubiera tenido la información necesaria.

Es imprescindible, entonces, tomar conciencia de la responsabilidad que implica ser propietario de un animal. No son juguetes animados, sino seres vivos, con los que se pueden compartir juegos, sensaciones y afectos. En el caso de los niños, es importante que los padres les enseñen, con el ejemplo, a querer y a respetar a su mascota. De ese modo, colaborarán en el desarrollo de la capacidad afectiva y de comunicación de sus hijos y, además, les enseñarán a amar la vida y a reconocer las etapas de desarrollo que ellos mismos van a atravesar.

Al respecto, esta obra toma como premisa la definición que el Colegio de Veterinarios de la Provincia de Buenos Aires –junto con otras entidades relacionadas con el tema– da sobre la tenencia responsable de los animales de compañía:

Es la condición por la cual una persona tenedora de un animal asume la obligación de procurarle una adecuada provisión de alimento, vivienda, contención, atención de la salud y buen trato durante toda la vida, evitando asimismo el riesgo que pudiera generar como potencial agresor o transmisor de enfermedades a la población humana, animal y medio ambiente.

Una vez que la decisión está tomada, el futuro dueño tendrá también que elegir entre muchas razas o tipos de animales diferentes. Quizá se pregunte entonces: ¿cuál es la mascota ideal? Pero en realidad, no existe el mejor perro, el mejor gato o la mejor ave, sino que se debe buscar el más adecuado para el individuo o la familia en cuestión. Por ejemplo, si la persona quiere un animal para que la acompañe durante sus caminatas, elegirá un perro. En cambio, si desea una compañía que rompa el silencio de la casa, se le sugerirá un pájaro. O, por el contrario, si busca un animal tranquilo, la mejor opción es un gato de pelo largo o algún pez.

En ese sentido, esta guía brinda a sus lectores información detallada, consejos y pautas para una buena elección y una convivencia armónica y equilibrada entre la familia y su mascota e incluso, si fuera el caso, entre dos o más animales de compañía.

CAPÍTULO 1

Tomar la decisión

Incorporar un perro al hogar no es una decisión que se puede tomar a la ligera. Para elegir correctamente y sumar el animal al núcleo familiar de manera adecuada, es necesario tener previamente una consulta con un veterinario y contar con la supervisión del profesional después de su incorporación.

Cuando una persona o una familia ya ha decidido adoptar un perro, el paso siguiente es elegir la raza. Para ello son varias las cuestiones para tener en cuenta:

- Preferencias personales.
- Espacio disponible en la vivienda.
- Tiempo para dedicar al animal.
- Cantidad y edad de personas y animales que habitan la casa.
- Dinámica de la familia.
- Carácter del grupo familiar.

Preferencias personales

Si una sola persona tomará la decisión, será más sencillo, ya que habrá que analizar menos cuestiones. En
cambio, si es una familia la que adoptará un cachorro,
la elección deberá tener en cuenta las preferencias de
cada integrante y el acuerdo de todos.

Espacio disponible

Esta cuestión es de especial importancia, ya que, si bien
los animales, en general, se adaptan a la vivienda —sea
una casa o un departamento—, es imprescindible que
tanto las personas como las mascotas se encuentren
cómodas, en buenas condiciones de higiene, y que dis-
pongan del espacio suficiente para no llevarse por
delante o tropezarse constantemente. Por ejemplo, no
se puede tener un gran danés en un departamento de
20 metros cuadrados: mientras es cachorro, no hay problema; pero al año pesará más de 40 kilogramos y
duplicará su tamaño. Entonces, si la vivienda posee un
espacio al aire libre, allí debería pasar el perro la mayor
parte del día. En cambio, si la casa no tiene jardín ni
una terraza amplia, es conveniente elegir una raza
pequeña.

Tiempo de dedicación

En general, los perros requieren más dedicación que los gatos. Por lo tanto, si el perro estará solo en la casa todo el día, es preferible buscar entre las razas que demanden menos atención, que no necesiten cuidados constantes de su pelo, que no ladren mucho y que sean poco exigentes con sus dueños.

De todos modos, el perro debe educarse para que esa ausencia no se transforme en una patología más adelante. Si la persona no está dispuesta a hacerlo, quizá sea mejor elegir un gato u otro animal (pájaros o peces), y así la ausencia del dueño durante el día no ocasionará ningún problema, siempre y cuando la mascota esté alimentada.

También conviene tener en cuenta el momento de los paseos. Si la casa no posee un espacio amplio, el perro necesita que lo saquen a pasear, ya sea hasta una plaza o por el barrio.

Cantidad y edad de personas y animales

Para elegir la raza más adecuada, deberá considerarse también cuántas personas integran la familia, la presencia de otras mascotas y su edad. Como todos comparten los metros cuadrados disponibles, los roces entre las personas —si son muchas— y el recién llegado se hacen evidentes, y se acentúan todavía más si debe convivir con otros animales, de la misma especie o de otra. Cuando las mascotas que ya viven en la casa tienen mayor edad, la incorporación del nuevo integrante trae más problemas; cuando son más jóvenes, hay más posibilidades de enseñarles a compartir. Las actitudes van a ser completamente diferentes de acuerdo con el orden de ingreso en el hogar:

- perro / perro
- perro / gato
- gato / perro
- perro / ave
- ave / perro

Cada caso es único y requiere distintas estrategias para evitar agresiones, lesiones y hasta la muerte de alguno de los animales.

Consejos

Si hay niños en la casa, es preferible inclinarse por una hembra, ya que son más dóciles y manejables, y también menos competitivas.

Dinámica de la familia

Es necesario tener en cuenta la organización familiar y el tiempo disponible para dedicarle al perro: si una sola persona se encargará de atender y cuidar al nuevo integrante, o si las tareas se compartirán entre varios. Esto repercutirá directamente en el tipo de educación del animal y en su resultado.

Conviene tener en cuenta si hay movimiento y personas en la casa o si, a pesar de ser una familia numerosa, el perro pasará la mayor parte del día solo.

Carácter del grupo familiar

Por diferentes razones, no hay dos familias iguales. Unas son más bulliciosas y gritonas; otras, más tranquilas. El clima del hogar influirá en el comportamiento del animal. Y aquí podría citarse el refrán que dice que "cada perro se parece a su dueño".

Entonces, es importante decidir si realmente se quiere agregar un nuevo integrante que comparta y acentúe las características de la familia o, por el contrario, que sea opuesto a ella.

El perro por definición

Por sus características y necesidades, cada raza es diferente y resultará más apropiada para determinadas familias y menos, para otras. Pero, básicamente, el perro es un animal social que necesita vivir en grupo y tener claro quién manda y quién obedece. Además, como todo ser vivo, tiene requerimientos diarios, no solo comer, dormir o evacuar excretas, sino también realizar ejercicio, explorar territorios, jugar y relacionarse socialmente con otros individuos de su propia especie y de otras.

Se puede optar por un perro de raza o por uno mestizo, pero siempre conviene analizar los siguientes factores:

- Características físicas de cada raza (tamaño, pelaje y conformación).
- Función para la que fue creada originalmente (guardia, caza, compañía, trabajo).
- Perfil comportamental (según los distintos grados de reactividad, agresividad, entrenabilidad y conducta exploratoria).

Las características físicas, fisiológicas y de comportamiento de cada sexo determinarán si es más conveniente un macho que una hembra. Sin embargo, no todas las diferencias son categóricas, con excepción de las reproductivas:

- **Hembras**
  Tienen una conducta típica durante el período de celo, caracterizada por:
  - atracción de los machos

- pérdidas sanguinolentas
- cambios en su comportamiento

Si una hembra va a tener cachorros, se deben supervisar la gestación y el parto, y luego la lactancia y la cría de los pequeños.

Por lo general, las perras son más obedientes, apegadas a los dueños e higiénicas en cuanto a dónde depositan sus excretas.

- **Machos**

  Son más agresivos con otros machos, marcan su territorio con orina, montan y tienden a escaparse más, sobre todo en épocas reproductivas. Pueden mostrarse más dominantes con los dueños y, según las razas, alcanzan mayor tamaño que las hembras. La ventaja es que no presentan los inconvenientes del celo.

CAPÍTULO 2

Una elección pensada

Como ya se señaló, no existe el mejor perro, sino que se debe buscar la mejor opción para la persona o la familia que lo desee. Además de las características de la raza, es imprescindible analizar varios aspectos al elegir un cachorro:

- **Características de los padres:** por ejemplo, si se busca un perro tranquilo, es importante saber si sus padres lo son. Por el contrario, si se desea adoptar un perro guardián, conviene que los padres ya lo sean.

- **Relación con los hermanos y la madre:** observar si es cariñoso, juguetón o agresivo y violento.

- **Características temperamentales:** se evalúan al momento de la adopción, por medio de un test que los clasifica en:
  - dominantes
  - sumisos
  - independientes

- **Respuestas a prueba de trabajo**.

- **Rasgos evaluables:** miedo, excitabilidad, resistencia a la manipulación y sociabilidad.

> ___ *Consejos* _____
>
> Es preferible que esta selección se realice con asesoramiento profesional veterinario, dado que estos rasgos que se pueden detectar en los individuos y en la camada de cachorros forman parte de un todo que define al ejemplar más conveniente.

El momento adecuado

Se recomienda separar al cachorro de su madre y llevarlo a la nueva casa entre la séptima y la octava semana. De esta manera, pasa la primera mitad de la etapa de sociabilización con individuos de su misma especie (madre y hermanos), y la segunda mitad, con personas adultas, niños y otras especies con las que probablemente tenga que convivir en el futuro. Esto también permite exponerlos a una mayor variedad de ambientes y estímulos con la finalidad de acostumbrarlo a las distintas condiciones de vida.

Clasificación y características de las razas

No todas las razas caninas son adecuadas para incorporarlas a una casa, un departamento, una familia o una persona que vive sola.

Habitualmente, los perros se clasifican en guardianes, de caza o de compañía. Pero cada una de las razas posee características específicas y únicas. Aquí se enumeran las principales:

Razas de guardia

- **Airedale terrier**
  - grande
  - pelo enrulado que necesita cuidados y cortes de raza
  - de guardia, pero puede servir de compañía
  - buen carácter
  - bueno con los chicos
  - necesita hacer ejercicio y pasear

- **Doberman**
  - grande
  - pelo corto
  - de guardia o de compañía
  - necesita un dueño de carácter y hacer ejercicio

- **Gran danés**
  - de gran tamaño
  - pelo corto
  - de guardia y de compañía
  - amable con los chicos
  - necesita ejercicio y mucho espacio

- **Mastín napolitano**
  - grande
  - pelo corto
  - de guardia
  - bien educado sirve también de compañía
  - no adiestrar para ataque
  - necesita mucho espacio

- **Ovejero alemán**
  - de gran tamaño
  - pelo que requiere cuidados
  - de guardia y también de compañía
  - fiel y obediente
  - necesita del amo, pasear y compartir

- **Ovejero belga**
  - grande
  - pelo largo que requiere cuidados
  - de guardia y de compañía
  - fiel y atento

- **Rottweiler**
  - grande
  - pelo corto para cepillar
  - de guardia
  - con buena educación sirve de compañía

- **Schnauzer gigante**
  - de gran tamaño
  - de guardia y de compañía
  - pelo ondulado que necesita cuidados y cortes
  - buen carácter

Razas de compañía

- **Basset hound**
  - mediano
  - pelo corto
  - buen compañero
  - requiere mucha higiene

- **Beagle**
  - chico
  - pelo corto
  - bueno con los niños
  - buen carácter
  - vivaz

- **Bichon frise**
  - chico
  - pelo enrulado que requiere cuidados y cortes

- **Boxer**
  - mediano
  - pelo corto de poco mantenimiento
  - ágil y juguetón
  - bueno con los chicos

- **Bulldog**
  - mediano
  - pelo corto
  - tranquilo y silencioso

- **Caniche**
  - chico a mediano
  - pelo enrulado largo que requiere cuidados y cortes de raza

- **Chihuahua**
  - chico
  - pelo corto
  - no es adecuado para niños

- **Cocker**
  - chico a mediano
  - pelo largo que requiere cuidados y cortes
  - buen compañero

- **Collie**
  - mediano a grande
  - pelo largo para peinar
  - buen compañero
  - bueno con los chicos

- **Dálmata**
  - mediano
  - pelo corto
  - requiere dieta especial

- **Fox terrier**
  - chico
  - pelo enrulado que requiere cuidados y cortes
  - hiperquinético, muy ladrador
  - de difícil convivencia con otros perros

- **Galgo**
  - mediano
  - pelo corto
  - bueno con los niños

- **Kuvasz**
  - mediano a grande
  - pelo que requiere atención
  - fiel pero sobrio y poco demostrativo

- **Labrador**
  - mediano a grande
  - pelo de corto a medianamente largo
  - muy obediente (apto como lazarillo)
  - excelente compañía
  - ideal para los niños

- **Maltés**
  - chico
  - pelo largo que necesita muchos cuidados
  - tranquilo

- **Pequinés**
  - chico
  - pelo largo que requiere cuidados

- **Pinscher**
  - chico
  - pelo corto
  - hiperactivo y ruidoso
  - fácil de transportar

- **Pitbull**
  - mediano
  - pelo corto de poco mantenimiento
  - agresivo con otros perros
  - necesita una buena educación

- **Samoyedo**
  - mediano
  - mucho pelo que requiere cuidados
  - tranquilo y sociable

- **San Bernardo**
  - grande
  - pelo largo que requiere cuidados
  - puede ser de guardia
  - necesita espacios amplios para moverse
  - tranquilo

- **Schnauzer miniatura y mediano**
  - pelo que requiere cuidados y cortes
  - hiperactivo
  - vivaz

- **Viejo pastor inglés**
  - grande
  - pelo largo y ondulado que requiere cuidados
  - ágil y juguetón

- prefiere estar acompañado
- necesita una buena educación

• **Yorkshire terrier**
- chico
- pelo largo que necesita mucho cuidado y cortes
- ladrador

Razas de caza

• **Dogo**
- grande
- pelo corto
- no conviene adiestrarlo en defensa y ataque
- si se educa sólo en obediencia puede servir de compañía
- buen carácter
- impone respeto (sirve para guardia)

• **Pointer**
- mediano
- pelo corto
- puede servir de compañía en quintas o casas grandes
- necesita mucho espacio
- hiperquinético

- **Setter irlandés**
  - mediano
  - pelo largo que requiere cuidados
  - puede ser de compañía en espacios grandes o con paseos

Nota

Este listado ofrece solo los aspectos básicos de estas razas para poder comparar y decidir cuál es el animal adecuado para la familia o la casa en cuestión. Pero si el interés es mayor, se puede obtener más información en un libro o en una enciclopedia especializada.

CAPÍTULO 3

Dónde buscarlo

Es posible buscar o adquirir un perro en cuatro clases de lugares:

1) **Un criadero**
2) **La veterinaria**
3) **Una vivienda particular**
4) **Los refugios de adopción**

Un criadero

En general, conviene recurrir a criaderos pequeños o medianos, que cuenten preferentemente con el aval de la Federación Cinológica y con control veterinario, para tener la seguridad de que la madre y sus crías se hallan en buen estado. Principalmente ofrecen animales de razas puras y con pedigrí.

La veterinaria

Es otro de los sitios donde se puede adquirir un perro, y se manejan con dos modalidades:

• Locales que comercializan (compran y venden) animales.

- Locales que ofrecen los animales en adopción, pero cumpliendo un rol de intermediarios entre los clientes que desean entregar a las crías de sus mascotas (de raza o mestizas) y las personas que quieren adquirirlas.

Algunas de las ventajas de las veterinarias –pero que también deben exigirse en los otros lugares– son:

- Animales sanos.
- Control sanitario.
- Información adecuada.
- Responsable profesional.

Una vivienda particular

En estos casos, por lo general, la madre del cachorro forma parte de una familia, por lo que se pueden tener referencias directas de las características y la salud de los progenitores y del ambiente donde vive. Por este medio, se pueden conseguir tanto cachorros mestizos o indefinidos como animales de raza, que tengan pedigrí o que, si bien presentan las características generales de la raza, carezcan de la certificación de calidad.

Los refugios de adopción

Estos lugares dependen de entidades protectoras de animales y se dedican a ubicar cachorros o animales grandes abandonados. Si se desea adoptar un cachorro en un refugio, conviene averiguar si el establecimiento cuenta con atención y dirección veterinarias; si las instalaciones son higiénicas y confortables, y en qué estado general se hallan los perros ofrecidos en adopción.

── *Nota* ────────────────

Los refugios realizan una valiosa labor humanitaria. Por eso es importante apoyarla, sin olvidar los consejos vertidos en esta guía.

── *Importante* ────────────

En todos los casos, verificar que la madre y sus crías se encuentren en las condiciones adecuadas en cuanto a alimentación, sanidad, alojamiento, comportamiento y afecto.

C A P Í T U L O 4

Cómo incorporarlo al hogar

Integrar un nuevo animal al grupo familiar implica brindarle no solo el afecto y el cuidado necesarios, sino también los estímulos ambientales en la cantidad y con la calidad adecuadas para desarrollar una óptima sociabilización y lograr un temperamento estable. Con este fin, se recomienda tener en cuenta:

- **Espacios abiertos y cerrados:** es necesario que el perro sepa comportarse tanto en los espacios cerrados (no dañar los muebles, ubicar correctamente sus deposiciones, etc.), como al aire libre (jugar, pasear por la calle sin asustarse, etc.).

- **Luz y oscuridad:** normalmente, desarrollará su actividad con luz, durante el día; pero hay que acostumbrarlo a la oscuridad, para que la acepte como algo también habitual, y no se asuste y llore.

- **Silencio y ruido:** el silencio y la oscuridad de la noche suelen despertar en el cachorro una sensación de soledad que no le gusta, sobre todo durante los primeros días en el nuevo hogar. Para ayudarlo a que se acostumbre lo más pronto posible, se le puede dejar un juguete para dormir, o colocar un reloj que haga tic-tac o una radio muy baja, para que el silencio no sea total, pero sin perturbar el descanso del resto de la familia. Luego de unos días, esos objetos deben retirarse. El cachorro comenzará a reconocer y a adaptarse al particular silencio de esa casa, que, por supuesto, nunca es total.

• **Reuniones sociales:** los encuentros familiares, los cumpleaños y otras celebraciones son momentos en que se concentra en la casa una gran cantidad de personas. Los animales tienen que acostumbrarse a esas situaciones, y es tarea del dueño enseñarle a su perro a percibirlas como algo normal y a no reaccionar de forma agresiva.

• **Vehículos:** es importante que el cachorro se habitúe a los sonidos del auto (el arranque, la bocina, las frenadas), y aprenda, poco a poco, a portarse bien en los viajes.

Como se dijo antes, tener un perro implica una gran responsabilidad, y educarlo es esencial para la buena interacción con sus dueños y con los otros animales que puede haber en la casa. Es necesario:

• Definir quién es el que manda. Por ejemplo, tomándolo del hocico o del cuello y presionándolo hacia abajo cuando aparecen las primeras amenazas, con la intención de enseñarle a someterse.

• Establecer pautas firmes de alimentación: si comerá solo, después de los dueños, en un lugar distinto del de ellos.

• Destinarle una zona periférica dentro de la casa para dormir y enseñarle cuáles son los lugares permitidos y cuáles, los prohibidos.

• Indicarle el lugar adecuado para evacuar las excretas. Para ello se coloca al animal en el sitio elegido, después de comer, tomar, dormir y jugar. Además, luego de las primeras deposiciones en el lugar correcto, se lo puede premiar. Y cuando se lo sorprende orinando o defecando en un lugar indebido, conviene levantarlo y ponerlo en el lugar que corresponda.

Importante

Si por diferentes razones, la vía pública es el lugar donde el animal hará sus necesidades, no debe olvidarse que su dueño es el responsable de recoger esas deposiciones y darles el mejor destino para que no contaminen.

CAPÍTULO 5

Salud y cuidados

Durante el crecimiento

En los primeros meses de vida, el animal debe ser educado y también, cuidado. Y esto implica varias tareas que el dueño necesita conocer y ejercer:

- Debe exponer al cachorro a la presencia de individuos de todas las especies con las cuales quizá tenga que convivir en el futuro. El **contacto** con animales de su propia especie y de otras es sumamente importante hasta los tres meses de edad.

- Tiene que **adiestrar** al animal, enseñarle a obedecer órdenes y a cumplir tareas simples (sentarse, salir, entrar, etc.).

- Una vez iniciado el plan de **vacunación**, y cuando el estado de salud y el bajo riesgo de contraer enfermedades lo permita, es aconsejable realizar paseos diarios y acostumbrarlo al collar, la correa y el bozal.

- Se puede hacer participar al cachorro en clases de **socialización**, cuyo objetivo es educarlo para que llegue a ser un animal de compañía, obediente y grato, y hacerle conocer el comportamiento normal del cachorro y del perro adulto. Se pueden detectar así, en forma precoz, los primeros indicios de posibles problemas de comportamiento para realizar la consulta correspondiente.

• Es necesario, además, controlar los cambios bruscos de **temperatura**, sobre todo en época invernal, según cuál sea el lugar habitual del perro dentro de la vivienda. Si normalmente está adentro, no debería salir de golpe al exterior, para evitar variaciones térmicas. Si vive fuera de la casa, por el contrario, es importante proporcionarle un refugio cómodo, seguro y protegido, de ser posible ligeramente sobreelevado del suelo para evitar la humedad.

No es conveniente acostumbrar al cachorro a pasear en el auto sólo para la visita al veterinario, sino llevarlo también en otras situaciones para evitar una asociación directa con momentos poco agradables para el perro, como, por ejemplo, la aplicación de una vacuna inyectable. Entonces, realizar pequeños viajes e ir aumentando la frecuencia y la distancia de manera gradual, permitirán que el animal se adapte al automóvil. De ese modo, se convertirá –si es el deseo del dueño– en un muy buen compañero de viaje.

Consejos

Se recomienda dejar una ventanilla un poco abierta para que entre aire, tanto durante un viaje como cuando el vehículo está estacionado y el perro queda adentro. En especial, no conviene dejar al perro en el auto totalmente cerrado al sol o en lugares muy calurosos.

Si el animal no llegara a adaptarse al movimiento del auto o a los viajes, habrá que pensar, cuando la familia sale de vacaciones, en dejarlo en la casa al cuidado de alguien o en un pensionado. Otra opción es transportarlo en jaulas o con arneses especiales.

Importante

En el caso de un viaje al interior o al exterior del país, siempre es conveniente consultar por la certificación o los permisos correspondientes del animal. También es necesario averiguar si el animal que va a viajar es propenso a vómitos o salivaciones importantes para conocer la medicación que habrá que darle oportunamente.

Las vacunas

Uno de los pilares de la salud de nuestros animales es el cumplimiento de un correcto plan sanitario desde cachorro. La primera dosis de vacuna debe aplicarse a las seis semanas de vida. En este aspecto, es de vital importancia que el cachorro esté correctamente desparasitado a los veinte días de edad, ya que un animal con parásitos no responderá como es de esperar a las vacunas que se le apliquen; estará más expuesto a patologías gastrointestinales, de alto riesgo en los cachorros, y esto repercutirá sobre el desarrollo normal y será la puerta de entrada para enfermedades severas que pueden comprometer su vida.

Consejos

Los antiparasitarios deben ser indicados por un veterinario, según la edad del perro, el peso, los animales con los que convive, la situación epidemiológica zonal, etcétera. Lo ideal es realizar un análisis de materia fecal previo para confirmar si hay o no parásitos y, en caso afirmativo, de qué tipo son, para así desparasitar al cachorro en forma más rápida y eficiente.

Algunos de los parásitos internos de los perros pueden transmitirse a los seres humanos —sobre todo, a los niños—, que, muchas veces, no suelen cumplir normas higiénico-sanitarias de manejo. Por lo tanto, la desparasitación cobra aquí un doble significado. También hay que librarlo de los parásitos externos, como pulgas, piojos y garrapatas, que lesionan la piel, se alimentan de la sangre del animal, lo debilitan y le provocan adelgazamiento, desmejoramiento del pelaje y reacciones alérgicas.

Si bien no es habitual que esos parásitos externos provoquen picaduras en los seres humanos, existe uno, causante de la sarna del perro, que sí puede contagiarse y provocar las mismas lesiones. En consecuencia, es importante hacer la consulta ante patologías de la piel que hagan sospechar esta enfermedad.

Al igual que en el caso de la desparasitación, a las seis semanas el veterinario actuante iniciará el plan de vacunación correspondiente para proteger al perro contra las **enfermedades más comunes y peligrosas,** como:

- Coronavirus
- Hepatitis
- Leptospirosis
- Moquillo
- Parvovirus

- Rabia
- Tos de las perreras

Dicho plan variará de acuerdo con la situación epidemiológica zonal, el tipo de vacuna, la edad de inicio de la primera dosis, etc.

Importante

Cada vacunación debe estar siempre respaldada por una certificación legal, con firma, sello y número de matrícula del profesional actuante.

Una buena alimentación

Después del destete, es fundamental que el cachorro reciba una correcta alimentación, ya sea gracias a una dieta indicada por el veterinario y preparada por su dueño o a dietas balanceadas producidas comercialmente. Lo importante es que la alimentación respete las necesidades de las diferentes etapas que atraviesa el cachorro hasta llegar a la adultez. Por ejemplo, a los tres meses y medio o cuatro meses, comenzará el cambio de sus dientes de leche por los definitivos. Esto, si bien es normal, le permite modificar su alimentación, ya que puede hacer más fuerza para morder.

> **Importante**
>
> Consultar periódicamente con el veterinario, ya que las conductas y las necesidades varían de acuerdo con la raza y la etapa de crecimiento.

> **Nota**
>
> El animal debe tener a su disposición agua fresca permanentemente.

A menudo los cachorros padecen intoxicaciones o trastornos intestinales por la ingestión de componentes tóxicos que consumen directamente o a través de plantas. Por lo tanto, conviene mantener alejadas de ellos sustancias como, por ejemplo, raticida, elementos con plomo, refrigerante de auto, plaguicida, medicamentos. Otros elementos para controlar, dada la intensa actividad de juego de los cachorros, son los objetos que pueden transformarse en cuerpos extraños al ser ingeridos: huesos, pelotitas, juguetes de niños, medias, etc.

Ante la sospecha de contacto con una sustancia tóxica o su ingestión, el dueño debe comunicarse telefónicamente con su veterinario o con un centro de urgencias, donde le indicarán cómo brindar los primeros auxilios hasta tanto se lo pueda asistir.

Importante

No desprenderse de los envases ni de ningún elemento que pueda indicar lo que el
cachorro ha ingerido.

El celo

A partir de los seis meses de edad, generalmente apa-
rece en las perras el primer celo. Se anuncia con una
pérdida sanguinolenta vulvar que, en promedio, dura
diez días. Es más notoria en el área genital y da
comienzo a una atracción de los machos, que serán
aceptados a partir del décimo día.

Por lo tanto, dado que estas fechas son estimativas, si
el dueño no desea que su perra tenga cría, debe preve-
nirlo de alguna de las siguientes maneras:

- Separándola de los machos por el término de
  quince a veinte días desde que empezó la pérdida.
- Utilizando métodos de control de la natalidad de
  tipo médico (los anticonceptivos), que deben ser
  indicados exclusivamente por veterinarios.
- Con métodos quirúrgicos (la castración), que, al
  igual que en el caso anterior, deben ser realizados
  por médicos veterinarios.

Estos dos últimos métodos disminuyen en gran medida el riesgo de padecer tumores mamarios, patologías del útero y pseudopreñez. Las ventajas serán mayores cuanto antes se efectúe la castración.

En cambio, si la intención es que la hembra tenga cría, se debe tener especial cuidado en sus primeros celos hasta que alcance su adultez, aproximadamente a los dos años.

Por su parte, el macho puede dar servicio fértil a una hembra a partir de los seis meses de vida. Es un aspecto para tener en cuenta, especialmente si los cachorros de esa edad conviven con hembras.

Los miedos

Muchas veces, el miedo —especialmente a las tormentas o a los ruidos causados por la pirotecnia— puede provocar la huida desesperada del perro o ciertas actitudes de susto. Aunque exagerada, para ellos es una reacción normal ante un hecho desconocido. En ese momento, el animal no debe ser acariciado ni complacido, porque puede tomar esa actitud como un premio a su conducta. Tampoco debe ser castigado, ya que esto solo aumenta el temor y deteriora el vínculo afectivo.

Consejos

Para evitar o moderar esas reacciones, se puede recurrir a la desensibilización sistemática. En algunos casos se utiliza medicación adecuada siempre recomendada por su veterinario, quien decidirá cuál es el mejor tratamiento de acuerdo con la edad, las características y el estado del animal.

El cuerpo

Es importante que en la etapa de crecimiento el perro desarrolle un esqueleto firme y fuerte, con aplomos normales y sin deformaciones. Para evitarle futuros trastornos de tipo músculo-esquelético y articulares, deben controlarse periódicamente los siguientes aspectos:

- **edad**
- **raza**
- **alimentación**
- **peso**
- **terreno** donde desarrolla su actividad o sus ejercicios

─ *Nota* ──────────────────

Es importante que el cachorro realice actividad física; de lo contrario, podría sufrir trastornos de obesidad, que influirán en las siguientes etapas de su vida.

Se debe prestar especial atención a las salidas del perro a la calle. Deberá llevárselo con collar y correa, de la mano del dueño, quien compartirá el paseo con las mismas ganas que su compañero. No es aconsejable llevarlo suelto ni dejarlo sin control en la vía pública, ya que el animal podría:

- Agredir a otros animales o personas, o ser agredido.
- Entrar en contacto con animales enfermos o con deposiciones de otros animales.
- Contagiarse enfermedades.
- Sufrir diversos accidentes.

El perro adulto

Al finalizar la pubertad, el animal completa su desarrollo tanto corporal como de conducta, y comienza la etapa adulta, en la cual se termina de definir el temperamento.

Los cuidados recibidos y las experiencias vividas durante el crecimiento, como resultado de haber sido criado correctamente, se ven reflejados en un animal estable, vivaz, sociable y de buen comportamiento, todos requisitos imprescindibles para una buena convivencia con el ser humano.

Sin embargo, en algunas ocasiones, pueden presentarse problemas que, si son detectados enseguida y llevados a consulta, pueden ser corregidos eficazmente.

Ningún animal –cualquiera sea su raza– debe ensuciar en cualquier lugar ni ser excesivamente miedoso, inquieto, agresivo o destructor.

Las conductas problemáticas para tener en cuenta son:

- Gruñe y tira tarascones de todo tipo.
- Tiembla y se esconde en cualquier lado.
- Se muestra inquieto y destructor.
- Orina y defeca donde no debe.
- Ladra o come en forma excesiva.
- Se lastima a sí mismo.
- Monta a las personas.

Cualquiera de estos signos es motivo suficiente para sospechar que algo anda mal y requiere que un veterinario realice un examen clínico comportamental para identificar el tipo de problema y determinar el tratamiento apropiado.

La alimentación

No todas las razas experimentan el paso de cachorro a adulto a la misma edad. Por lo tanto, es necesario estimar lo más exactamente posible el momento para adecuar la alimentación, ya que, a partir de entonces, el perro debe consumir alimento de adulto, destinado al mantenimiento y ya no al crecimiento. El médico veterinario es el indicado para determinar el mejor tipo de alimento balanceado, al considerar:

- el tamaño del animal;
- las condiciones fisiológicas particulares (sedentarismo, ejercicio, preñez, lactancia, enfermedades, castración, etc.);
- la edad.

En las razas grandes, la comida debe proporcionarse en dos raciones diarias, la más grande, por la mañana y la más pequeña, por la tarde. Es mejor no alimentarlos por la noche, ya que estas razas sufren de dilatación o torsión gástrica, una patología que suele manifestarse después de comer y que concede muy poco tiempo para su atención antes de ser fatal. Si se le da de comer a la noche, los dueños estarán durmiendo cuando el animal los necesite.

Un punto para tener en cuenta es que el alimento del perro debe incluir cantidades adecuadas de proteínas, hidratos de carbono, grasas, fibras, vitaminas y minerales. Cada uno de estos nutrientes varía en su porcentaje según la edad y la circunstancia fisiológica del perro.

___ *Importante* _____

En caso de cambiar de productos o de marcas, dicho cambio debe ser gradual y no, brusco para permitir la adaptación del aparato digestivo al nuevo alimento.

En general, el alimento balanceado es mejor que la comida casera. Además de ser más práctico, contempla todas las necesidades nutricionales del perro; incluye vitaminas y minerales y, en consecuencia, minimiza el riesgo de enfermedades. En cambio, los alimentos caseros muchas veces no ofrecen todos esos beneficios. Por eso, es recomendable, en este último caso, asesorarse con un veterinario, de modo que esas comidas también sean balanceadas, sanas y nutritivas.

Actualmente, puede encontrarse en el mercado una gran variedad de marcas y de precios que, en la mayoría de los casos, satisfacen esas necesidades. Por lo general, existe una correlación entre ambos aspectos: a mejor precio, mejor calidad.

La calidad de un alimento depende de la composición de cada uno de sus ingredientes y, básicamente, hace referencia a la digestión total, parcial o nula de cada uno de los nutrientes.

Consejos

Leer atentamente las etiquetas de los envases del alimento balanceado. Allí se encuentran todos los datos sobre su composición y el tipo de nutrientes utilizados en la elaboración.

En general, no es aconsejable suministrar a los perros una cantidad excesiva de los siguientes alimentos:
- dulces
- grasas
- condimentos
- picantes
- salsas
- huesos

Importante

Después de un almuerzo o cena, algunas personas suelen darle a su perro huesos de carne o pollo. Lo ideal es evitarlos, ya que pueden causar obstrucción o perforación en el esófago, el estómago y los intestinos, y comprometer la vida del animal. La solución casi siempre es quirúrgica.

Algunas de las enfermedades que puede sufrir un perro debido a una mala alimentación son:

- **Gastritis aguda:** se atribuye a la intolerancia o alergia alimentaria, a los parásitos o a la reacción a antígenos bacterianos. Por lo general, la provocan alimentos vencidos o en mal estado (húmedo, o suelto sin las mínimas condiciones de higiene en su envasado). También se puede producir por comer grasas o sobras de alimentos caseros, o los restos de la basura, donde se pueden encontrar alimentos descompuestos y ciertos productos tóxicos.

- **Diarrea:** se puede producir por alimento en mal estado o por cambios bruscos en la dieta, ya que el intestino debe prepararse para digerir alimentos variados. Se aconseja mantener la misma calidad de alimento para que el animal no sufra problemas intestinales frente a esos cambios.

- **Alergia:** suele detectarse por signos clínicos en la piel (prurito), pero también en el aparato respiratorio (estornudos y tos) o en el digestivo (vómitos y diarrea). La recomendación es darle al perro alimentos balanceados específicos o, ante una alergia a dichos alimentos, armar una dieta supervisada por un veterinario.

Para evitar los problemas de salud, especialmente la obesidad, y ayudar al animal a llevar una dieta sana y equilibrada, a continuación se enumeran algunos consejos:

- Darle únicamente alimentos que incluyan todos los nutrientes. Evitar dietas ricas en grasas y en hidratos de carbono.
- No darle comida en la mesa, durante el desayuno, el almuerzo o la cena de la familia.
- Reducir las cantidades de comida por cada servida.
- Aumentar el nivel de ejercicios en la mascota. Esto implica incentivar al animal a que se ejercite, caminar o jugar con él de manera periódica.
- Mantener siempre agua fresca en un recipiente limpio y a su alcance.

Los cuidados

El plan de vacunación debe continuar con una dosis anual de cada vacuna para mantener el nivel de protección ideal de nuestro compañero, previa desparasitación. Si se desea que una hembra tenga cría, es importante darle esta protección antes del servicio, para que los cachorros nazcan libres de parásitos e inmunizados hasta recibir sus primeras dosis de vacuna y crear sus propias defensas.

┌── *Nota* ──────────────────────────┐

Desde el punto de vista de su ciclo, las perras
tienen un celo cada seis meses aproximadamente.

└────────────────────────────────────┘

También es necesario revisar periódicamente la boca
poniendo atención en:

- El color de los dientes.
- La presencia de sarro.
- El color de las encías
  (rosadas = normal / rojas = irritación).
- La falta de piezas dentales.
- El mal aliento (halitosis).

Una tarea que debe convertirse en hábito es pasar
suavemente la mano por el cuello o el lomo, para
detectar anormalidades (nódulos, durezas, lesiones) en
forma precoz. Conviene hacerlo al bañarlo o al cepi-
llarlo, porque el pelo está adherido y esas anomalías se
notan mejor.

También se debe mirar usualmente al perro desde
arriba, sobre todo a la altura de la cintura –la cual
debe mostrar una ligera entrada entre en el pecho y la
cadera–, para determinar si está delgado, normal u
obeso.

- **Delgado.** En un perro que está delgado —salvo algunas razas donde es normal (galgos)—, se notan las costillas, las vértebras de la columna y los huesos de la cadera. En ese caso, y si la dieta es buena y balanceada, se debe consultar con un profesional para averiguar la causa. Muchas enfermedades (renales, digestivas, cardíacas, etc.) cursan con delgadez.

- **Normal.** En un animal normal se perciben ligeramente las costillas, no se notan los huesos de la columna ni los de la cadera. En líneas generales, esto significa que su estado de salud y su alimentación son aceptables.

- **Obeso.** Por el contrario, si el tórax está redondeado como la cadera y el abdomen, podría tratarse de un caso de obesidad. Es un trastorno alimenticio muy frecuente y que ha ido aumentando en los perros debido a un estilo de vida sedentario. Además, en los últimos años, lo ha favorecido el aporte de alimentos muy sabrosos y energéticos.

Los trastornos de sobrepeso traen aparejadas distintas enfermedades y complicaciones, como:

- Diabetes.
- Patologías cardiovasculares.

- Disfunción de diferentes órganos que se infiltran en grasa.
- Problemas osteoarticulares y óseos por tolerar excesivo peso.
- Intolerancia al calor y al ejercicio.
- Aumento de los riesgos quirúrgicos y anestésicos.
- Deterioro de la función reproductiva.

Las causas de la obesidad podrían clasificarse en:

- Alimenticias (consume demasiada comida y no gasta energía).
- Genéticas (razas predispuestas, como collie y rottweiler).
- Hormonales (hipotiroidismo).
- Castración (genera mayor tendencia).

Ante estas situaciones, se recomienda:

- Reducir la ingesta.
- No darle al animal sobras de comida ni golosinas ni extras.
- No alimentarlo fuera de los horarios fijados.
- Darle dietas balanceadas hipocalóricas.
- Que haga ejercicio.
- Consultar con el profesional.

El dueño debe realizar ciertos controles personalmente todos los días y, si encuentra alguna anormalidad, consultar con el veterinario. Algunos ejemplos:

- Controlar la forma de comer y de tomar líquidos, ya que si es exagerada, podría manifestar alguna patología.

- Observar los ojos del perro: deben estar vivaces y limpios, sin lagañas, irritación ni conjuntivitis. A menudo el estado de los ojos refleja lo que está sucediendo en el interior del organismo, aunque no se trate de una enfermedad ocular.

- Revisar los oídos frecuentemente: deben estar limpios, sin serosidades, ni supuraciones; el perro no debe sacudir la cabeza.

- Cortar las uñas adecuada y periódicamente, ya que, en general, por la falta de desgaste y el sedentarismo, crecen más de lo adecuado. Esto modifica la forma de caminar del animal y le trae dolores osteoarticulares.

- Observar el pelaje para detectar parásitos externos, como pulgas, piojos y garrapatas, que deben combatirse porque causan parasitosis internas. Por ejemplo, las pulgas pueden provocar prurito y dermatitis como reacción alérgica a la saliva que producen; incluso, cuando la infección es muy grande, causan anemia y la muerte de los animales jóvenes. Además, transmiten una tenia, y anidan en el ambiente invadiéndolo.

• Controlar manchas en la piel, falta de pelo, picazón, cambios de color y de textura. Todas estas señales pueden indicar tanto trastornos locales (de un órgano específico) como generales.

• Revisar las mamas de las hembras a fin de detectar nódulos, inflamaciones, etc., precozmente y poder actuar a tiempo. En ellas también se debe controlar el color de las pérdidas durante el celo, y si estas aparecen nuevamente al corto tiempo y de otro color.

• Preparar a la hembra para que tenga cría (si así lo desea el dueño) idealmente entre los dos y los cuatro años de edad. Por el contrario, si no se desea que tenga cría, es aconsejable castrarla, lo cual traerá ciertas ventajas en cuanto a eventuales problemas de salud en el futuro.

• Considerar la conveniencia de castrar a un macho, sobre todo ante problemas de conducta. De ese modo, se le puede dar otra oportunidad de quedarse en la familia.

> **Nota**
>
> La castración debe ser evaluada y consultada siempre con un veterinario.

La vejez

Durante esta etapa, es preciso prestar especial atención a los cambios de conducta que se puedan ir presentando. Si bien muchas veces van a ser solamente señales del proceso normal de envejecimiento, en otros casos pueden dar inicio a una enfermedad física o de comportamiento.

Los motivos de consulta más frecuentes están relacionados con conductas inadecuadas del animal, por ejemplo:

- No duerme de noche.
- Camina todo el tiempo, con dificultad.
- Gime sin motivo.
- Se pierde dentro de la casa.
- Ensucia en cualquier lado y con mayor frecuencia.
- No responde al llamado.
- Gruñe por cualquier cosa.
- Muerde sin motivo.

- Cambia el apetito.
- Consume más agua.

La solución ante cualquiera de estos casos es la misma: hacer la consulta con un profesional. Porque esta etapa no siempre comienza a la misma edad; más bien depende de la raza y del tamaño, y de cómo transcurrieron las etapas anteriores de su vida.

En la actualidad, los caninos viven cada vez más años gracias a una mejor nutrición y a que sus dueños se ocupan más de su salud, haciendo consultas y exámenes periódicos para detectar problemas a tiempo.

Síntomas comunes

Generalmente, aparecen cambios en la piel y canas en el hocico, y se produce una pérdida de la elasticidad, y una disminución de la actividad física, de la visión y de la audición. Pero también pueden manifestarse problemas más serios de distintas clases:

- Cardiovasculares
- Renales
- Hepáticos
- Hormonales
- Dentales
- Osteoarticulares

- Obesidad
- Tumores

Como el envejecimiento es irreversible, debe controlarse al animal una o dos veces por año, tanto clínicamente como a través de exámenes complementarios (rayos X, electrocardiograma, análisis de laboratorio, tomografías computadas, ecografías). Es esencial que los dueños reciban asesoramiento acerca de cómo manejarlos a esta edad, para brindarles una mejor calidad de vida a través de la nutrición, el tratamiento y la medicación, si fuera necesario.

> **Nota**
>
> Las razas pequeñas viven, en promedio, más años que las grandes; también son más longevas las mestizas con respecto a las puras, y los perros que están en hogares, en relación con los callejeros.

La belleza canina

Desde edad temprana, el dueño debe cuidar la higiene y la belleza de su perro, y no solo por una cuestión estética, sino por la salud del animal y de la familia. Es importante acostumbrarlo al baño, con una frecuencia no menor de siete días; a la higiene dental, que se puede realizar con cepillos blandos de uso humano o con elementos específicos para perros. Incluso es necesario familiarizarlos con la revisación y limpieza de las orejas y oídos, y con el cepillado o corte del pelaje.

El pelo

Con respecto al pelaje, al elegir un nuevo compañero es conveniente considerar:

- Cuánto lugar hay en la casa.
- Cuánto pelo pierde el animal.
- Si requiere mantenimiento.

Por ejemplo, en un departamento, un perro de tamaño mediano a grande, de pelo largo o que pierde mucho pelo en la etapa de muda, puede llegar a ser un serio problema. Entonces, es importante evaluar este aspecto a la hora de la selección:

- **Razas chicas sin problemas de pelo:** pequinés, mestizos de pequinés, chihuahua, pomerania.

- **Razas chicas y medianas que necesitan mantenimiento o peluquería:** caniche toy, bichon frise, maltés, shih-tzu, yorkshire terrier, cocker. Llevan un trabajo de corte y mantenimiento de, por lo menos, dos veces al mes, trabajo que puede realizar tanto el dueño como una persona especializada.

- **Razas medianas y grandes sin problemas de pelo:** doberman, galgo, rottweiler, pointer.

- **Razas medianas y grandes que necesitan mantenimiento o peluquería:** setter, pastor inglés, collie, ovejero alemán, afgano, schnauzer, airedale, fox terrier y siberiano.

Según la edad y el momento del año, el cachorro cambiará su pelaje inicial y comenzará a aparecer el característico de su raza o de la que predomina en la cruza. El pelaje debe estar siempre brillante y fuerte como signo de salud y buena alimentación.

Consejos

Siempre es conveniente asesorarse ante la caída llamativa de pelo y el posterior tratamiento o mantenimiento que demanda.

El baño

Se aconseja bañar al perro cada quince días (como máximo, una vez por semana), y comenzar con esta tarea a una edad temprana para que se convierta en una rutina agradable. Para el baño conviene utilizar champú y jabones específicos para perros, ya que están preparados químicamente con los componentes necesarios para su piel.

La limpieza de la cara es una tarea que necesita tiempo y dedicación:

- Los ojos no deben tener secreciones; es necesario limpiarlos con un algodón con solución fisiológica.
- El pabellón interno de las orejas se higieniza con un algodón humedecido en alcohol (usar un algodón distinto para cada pabellón).
- Los dientes y las encías deben revisarse para ver si hay presencia de sarro u otras anormalidades.

En general, se recomienda usar dichos elementos con suavidad, para que el animal no se asuste. Eso implica mojarlo con delicadeza; colocar el jabón o el champú en forma de suaves masajes, secarlo primero con una toalla, y luego, a veinte centímetros de distancia y desde atrás, con un secador de pelo. Además, hay que acostumbrarlo a que se deje peinar.

Nota

No aplicar productos de uso humano, salvo jabón neutro de glicerina. En el caso de los perros de pelo largo, se puede usar crema de enjuague para perros.

El equipo básico

Es conveniente equiparse bien a la hora de adquirir un cachorro o un perro adulto:

- **Cucha:** si el animal va a permanecer afuera de la casa (al aire libre) la mayor parte del tiempo, conviene proporcionarle una cucha tipo casa. Estas pueden ser de madera o de fibra de vidrio, que resiste más a la intemperie; vienen en distintos tamaños (chico, mediano y grande). Si, por el contrario, permanecerá en el interior de la casa, se le puede armar un moisés, de tela, mullido, de plástico o de mimbre. Estos últimos no son tan resistentes a las mordeduras de los cachorros. Lo más práctico es que la cucha sea de un material fácilmente lavable.

- **Comedero:** es aconsejable que en la casa haya dos recipientes, uno para el agua y otro para el alimento. Los más comunes son los de plástico, pero hay también de acero inoxidable, que resultan más duros a la hora de las mordidas. Es importante que los comederos estén siempre limpios. Para las vacaciones, o períodos largos de ausencia, hay comederos tipo tolva, que el dueño llena de comida y, gracias a su sistema, van dosificando las porciones a medida que el perro come.

- **Medalla de identificación:** es fundamental que el animal lleve siempre en el collar una medalla con sus datos y los del dueño, por posibles pérdidas. Pueden figurar el nombre y el teléfono o la dirección.

- **Juguetes:** conviene elegir elementos adecuados al tamaño del animal o de su boca, y evitar que sean demasiado pequeños y se los trague. Son ideales, por ejemplo, las pelotas de goma, blandas o macizas, con o sin chifle. Naturalmente, las macizas resisten más y resultan excelentes para perros destructivos. Al cachorro, también se le pueden dar otros elementos para que desgaste sus dientes sin dañar los muebles de la casa, como el hueso de cuero. Viene en distintos tamaños y formas, se ablanda con la saliva, y el perro termina ingiriéndolo, lo cual es normal.

- **Equipo de aseo:** el cepillado periódico facilitará la caída del pelo y evitará la formación de nudos. Para los perros de pelo corto, se recomiendan los cepillos de cerda o de látex. Para los de pelo largo, cardinas, cepillos con dientes metálicos, desatanudos, rastrillos.

- **Elementos de paseo:** hay collares y correas de cuero, de nailon y metálicas. Estos elementos se irán comprando a medida que el cachorro aumenta de tamaño. Entonces, se aconseja buscar los más baratos mientras crece y, cuando llega a la edad y el tamaño promedio, se pueden elegir los definitivos. El collar le debe quedar cómodo y ajustado; para chequearlo se pueden pasar los dos dedos entre el collar y el cuello del animal. Nunca hay que usar la correa como castigo, sino, al contrario, enseñarle y acostumbrarlo poco a poco a caminar con ella y con el collar. Es mejor que los primeros pasos se hagan dentro de la casa y periódicamente, para evitar que sea una situación traumática. Los arneses que rodean el cuerpo y el cuello del perro evitan que este se ahogue con los tirones.

- **Bozal:** se usa en ocasiones o momentos determinados, para maniobras con el veterinario o en la casa. Hay bozales especiales para ejercicio o paseo, con los cuales el animal abre perfectamente la boca pero no puede morder.

- **Abrigos:** en épocas invernales o de bajas temperaturas, conviene ponerle un abrigo cuando el perro sale a pasear; pero no, dejárselo puesto todo el día, sobre todo, a los perros de pelo largo, porque anuda el pelo y, además, provoca un aumento de su temperatura.

> **Nota**
>
> En razas de pelo corto y de tamaño grande es conveniente que el lugar de descanso (en especial, si vive en un ambiente chico) esté acolchado para evitar así callosidades y deformaciones en las áreas de apoyo.

C A P Í T U L O   6

Decidirse por un gato

Cuando una persona o una familia quiere tener un animal de compañía, primero debe decidirse por una
especie en particular. Si la elección recae sobre un gato,
es necesario que analice bien cuál es su situación, la de
su casa, la de su familia. La respuesta depende de distintas variables (ya detalladas en el Capítulo 1):

- Preferencias personales.
- Espacio disponible en la vivienda.
- Tiempo para dedicar al animal.
- Cantidad y edad de personas y animales que habi-
tan la casa.
- Dinámica de la familia.
- Carácter del grupo familiar.

Las características y las necesidades específicas de los felinos los hacen más apropiados para determinadas familias
y menos, para otras. Básicamente, el gato es un animal de
hábitos solitarios, y si bien se adapta a la vida en comuni-
dad, es importante que cuente con un territorio adecuado
y que se respete ese lugar.

Eso incluye la necesidad de:

- escondites
- superficies elevadas adonde acceder
- juguetes apropiados
- un poco de interacción social

Importante

Para elegir correctamente un gato e incorporarlo de la manera adecuada al núcleo familiar, es necesaria −como en todos los casos− la consulta al veterinario antes de adquirirlo, así como la supervisión profesional inmediata una vez adoptado y las posteriores consultas periódicas.

Se puede optar por un animal de raza o por uno mestizo, aunque las opciones no son tan variadas como sucede con los caninos. En todos los casos, hay que tener en cuenta:

- **las características físicas** (tipo de pelaje, conformación física de la cara, etc.)

- **el grado de reactividad** (elevado en los siameses, bajo en los persas e intermedio en el común europeo)

Características de cada género

Las características físicas, fisiológicas y comportamentales del macho y de la hembra determinarán cuál es el género más conveniente para el futuro dueño:

- **Hembras**
  La conducta típica durante el celo se manifiesta en la atracción de los machos y en cambios en su conducta. Además, si una hembra va a tener crías, se debe supervisar la gestación y el parto, así como la lactancia y el crecimiento de los cachorros. Suelen ser más sociables y apegadas a los dueños.

- **Machos**
  Son más agresivos con otros machos, marcan con orina y tienen una mayor tendencia a escapar, sobre todo en época reproductiva. Obviamente, no presentan todos los inconvenientes del celo. Sin embargo, estas diferencias no son categóricas, excepto las conductas reproductivas.

Cómo elegirlo

Una vez tomada la decisión, surge la pregunta de cuál es el mejor gato. Como ya se señaló en su momento para el caso de los perros, no existe el felino perfecto, sino que debe buscarse la mejor opción para la persona o la familia que desea adoptarlo. La elección dependerá de varios aspectos, por ejemplo:

- Las características de los padres.
- La reacción con hermanos y madre.
- El miedo.
- La excitabilidad.
- La resistencia a la manipulación.
- La sociabilidad.

Cuando el gato tiene entre seis y siete semanas de vida, es el momento apropiado para separarlo de la madre y llevarlo a una nueva casa. De esta forma, el cachorro pasa la primera mitad de la etapa de sociabilización con otros seres de su propia especie (madre y hermanos), y la segunda mitad, con personas adultas, niños y otras especies con las que probablemente tenga que convivir en el futuro. A la vez, permite exponerlo a una mayor variedad de ambientes y estímulos con la finalidad de acostumbrarlo a las diferentes condiciones de vida.

Las distintas razas

- Abisinio
- American shorthair
- Angora turco
- Bengalí
- Bombay
- Burmese
- Cornish rex
- Europeo
- Oriental
- Persa
- Ruso azul
- Sagrado de Birmania
- Siamés
- Somalí

Si bien la lista de razas es extensa, hay algunas más habituales que otras. A continuación se detallan las principales características:

- **Europeo**
  - deriva del gato callejero
  - de varios colores
  - tamaño entre mediano y grande
  - carácter variable, pero sin cambios muy marcados

- **Persa**
  - tamaño entre mediano y grande
  - de cara chata
  - pelo largo que requiere cuidados
  - tranquilo, no molesta
  - convive bien con otros gatos o perros

- **Siamés**
  - es el centro de atención; si se lo ignora, se hará notar
  - pelo corto de poco mantenimiento
  - muy movedizo, hiperquinético
  - maullador
  - celoso

En general, para describir el carácter de los gatos mestizos o indefinidos, que físicamente se asemejan al Europeo, puede decirse que los de **pelo corto** son más activos y los de **pelo largo**, más tranquilos.

Dónde encontrarlo

Como en el caso de los perros, los lugares en donde se puede buscar y adquirir un gato son:

1) **Un criadero.** Ofrece la posibilidad de conseguir animales de razas puras, con papeles que lo certifiquen. En este caso, conviene recurrir a criade-

ros que cuenten con el aval de la Asociación Felina y con control veterinario, para asegurarse del buen estado de la madre y sus crías.

2) **La veterinaria.** Puede vender sus propios animales y también, ofrecer en adopción las crías (de raza o mestizas) de los animales de sus clientes. Presenta la ventaja de que, por lo general, los animales están sanos y tienen un control sanitario profesional adecuado.

3) **Una vivienda particular.** La madre de los gatitos forma parte de la familia. En este caso, es importante constatar que tanto la gata como sus crías se encuentren en condiciones adecuadas en cuanto a alimentación, sanidad, alojamiento, comportamiento y afecto, según las necesidades de la especie.

4) **Los refugios de adopción.** Aquí se encuentran animales o crías abandonados. Si se desea adoptar un animal en estos lugares, es imprescindible averiguar si el establecimiento cuenta con atención y dirección médica veterinaria, si las instalaciones están en perfectas condiciones higiénico-sanitarias, y si los animales viven confortablemente y gozan de buena salud. De lo contrario, el riesgo de contraer alguna enfermedad es muy alto.

CAPÍTULO 7
La integración al hogar

Cuando se incorpora un animal nuevo al hogar, es importante brindarle afecto y estímulos ambientales en cantidad y calidad adecuadas para desarrollar una óptima sociabilización y un temperamento estable. Algunas de las tareas para lograr este fin son:

- Acostumbrarlo a los espacios abiertos y a los cerrados, a la luz y a la oscuridad, al silencio y al ruido, a las concentraciones sociales, y a los vehículos.

- Controlar y regular las interacciones sociales. Por ejemplo, cuando aparecen amenazas se lo toma de la piel del cuello y se lo levanta suavemente con la intención de enseñarle a calmarse.

- Permitirle el acceso a varios espacios de la casa para que pueda establecer sus áreas.

- Acostumbrarlo a comer varias veces por día, teniendo alimento a su disposición permanentemente.

- Cuando el gato vive en un departamento o casa cerrada, enseñarle a evacuar las excretas en la bandeja sanitaria, para lo cual es suficiente con colocar esta en una zona de fácil acceso. Si dispone de un jardín, patio o grandes maceteros, es muy probable que el animal deje ahí sus deposiciones.

CAPÍTULO 8

Salud y cuidados

Durante el crecimiento

Los primeros meses de vida de los gatos son los más importantes. Para que el animal esté bien cuidado y educado, es preciso que el dueño cumpla con las siguientes tareas básicas:

- Poner el gato en contacto con individuos de su propia especie y de otras; después de los dos meses de edad, debe exponérselo a la presencia de individuos de todas las especies con las cuales pueda tener que convivir en el futuro.

- Exponerlo a una manipulación frecuente para que se acostumbre al contacto físico.

- Enseñarle a obedecer órdenes simples, como "venir", "bajarse", "salir" y "entrar".

- Una vez iniciado el plan de vacunación y si el estado de salud lo permite, en opinión del veterinario, acostumbrarlo a salidas frecuentes en auto o en ómnibus, y a visitas a otras casas. Esto debe hacerse poco a poco, llevándolo siempre dentro de una jaula de transporte, ya que los animales se asustan con facilidad y pueden saltar para escapar. Si lo logran, podrían perderse o, incluso, en la desesperación, provocar un accidente.

- Para los viajes resulta muy práctico preparar un equipo de aseo, que incluye una bandeja sanitaria, algún almohadón, si lo usa, su comedero y bebedero.

Nota

No dejar la jaula del gato al sol dentro del auto, menos aún con los vidrios cerrados. En caso de ser necesario, tratar de tranquilizarlo.

Cuidar la salud

El gato que se suma a la familia puede tener parásitos u otras enfermedades que los felinos comparten con los perros y los humanos (véase Capítulo 14, "Zoonosis"). Entonces, es indispensable cumplir con el plan de vacunación, para protegerlo de calicivirus, panleucopenia, rinovirosis, clamidiasis, rabia y de leucemia felina en animales con riesgo. También hay que librarlo de los parásitos externos –pulgas y piojos–, que lo debilitan, lesionan su piel y desmejoran su pelaje, a la vez que anidan en los ambientes de la casa.

Consejos

Los planes de vacunación y desparasitación se deben repetir anualmente para asegurar una protección eficaz y duradera.

Importante

Las vacunas deben ser aplicadas exclusivamente por un veterinario. El animal adquirirá la inmunidad que dicha vacuna confiere si se la aplica en el momento adecuado, con la salud necesaria, si la vacuna fue adquirida en lugares confiables, si se respetó la cadena de frío, etc. La vacunación recibirá una certificación oficial, con el sello y la matrícula del profesional actuante, lo que legaliza el acto.

Durante el crecimiento, la **alimentación** merece una atención especial. El alimento debe estar específicamente destinado a gatos cachorros. El de tipo balanceado es el más habitual e incluye todas las vitaminas y proteínas que el animal necesita. En el mercado existen diferentes marcas y precios; en general, la mayoría guarda una estrecha relación entre la calidad del producto y su precio de venta. Otra opción es preparar el alimento en forma casera; para eso es aconsejable consultar con un veterinario, quien indicará la dieta adecuada de acuerdo con el estado del cachorro.

> ┌─ *Consejos* ────────────────
>
> No alimentar a los gatos únicamente con hígado o bofe (pulmón) de vaca, porque, además de que no los nutre, causa severos trastornos de salud.

Asimismo, es importante fijarse en la forma en que el gatito camina, observando, sobre todo, el tren posterior, dado que allí los cachorros sufren trastornos ligados a la osificación.

En general, los gatos se higienizan solos lamiéndose el pelaje. En los animales de pelo corto o medio, esto prácticamente no les trae consecuencias; pero a los de pelo largo, los bolos de pelo que tragan y se forman en su estómago o en su intestino les pueden provocar problemas de eliminación. Para evitarlo, hay que acostumbrarlos a un cepillado, a modo de caricia, para que el cepillo retire parte de ese pelo y no sea tragado por el animal.

Las hembras

A partir de los seis meses de vida, las gatas pueden tener el primer celo, que se manifiesta con:

- estado de excitación
- maullidos

- revoleo de la cola
- intención de escapar

Antes de que llegue el primer celo, es necesario averiguar cómo proceder, dado que —a diferencia de las perras— es muy difícil tener a una gata en cautiverio.

Si se decide que no tenga cría, las opciones son dos:

1) Administrarle métodos o medicamentos anticonceptivos. Esto es algo complicado, ya que las gatas tienen más celos anuales que las perras y estos son más difíciles de detectar.

2) La castración —método quirúrgico de elección—, que es una solución muy efectiva para este problema y que no le trae consecuencias. Incluso puede realizarse a edad temprana.

Consejos

Las mamas y las pérdidas vulvares deben controlarse, sobre todo en las gatas no castradas y en las que reciben anticonceptivos.

> **Nota**
>
> Cuando se busca que la gata tenga cría, conviene consultar acerca del mejor método y de cómo cuidar al animal hasta que llegue a la edad deseada de apareamiento. Su gestación durará, en promedio, sesenta días.

Los machos

A los seis o siete meses de edad, el gato comienza a buscar hembras, manifestando así su sexo. Esto trae aparejados varios problemas, ya que, en sus salidas, se junta con otros gatos —de dueños desconocidos y estado de salud incierto—, y suele terminar lastimado o con alguna enfermedad que le han contagiado.

La castración, también en este caso, soluciona el problema y hace que los gatos se queden más en la casa, con menos riesgos de enfermedades y de accidentes.

En lo que respecta a su aparato urinario, los machos provocan más problemas que las hembras. Aunque ello puede deberse a múltiples factores —que se unen para producir la patología—, hay uno que se puede controlar: la alimentación. Esta debe ser de muy buena calidad, para reducir las posibilidades de sufrir el trastorno.

Las comodidades

El gato es un animal independiente, pero cuanto más cómodo se sienta, mejor se incorporará a la familia. Lo ideal es facilitarle, dentro de la vivienda, un lugar para su descanso, que debe estar sobreelevado –si es posible, tipo cucha– y tener un techo o una manta para que se arrope debajo, sobre todo en invierno.

Al gato le gustan los juguetes, especialmente los que producen sonidos suaves, los que se cuelgan o ruedan, y los que puede hacer correr con las manos.

Además, necesita algún lugar donde limarse o "hacerse" las uñas, un rascador, porque si no, es habitual que lo haga en los muebles.

Importante

Se debe tener mucho cuidado con los hilos y con las agujas que estén fuera del costurero, ya que, en sus juegos, el gato suele comenzar a comer el hilo, que viene seguido de la aguja, la cual es tragada con las consecuencias del caso.

Si bien el gato no suele intoxicarse por sus propios medios tanto como el perro, a menudo es víctima de sustancias tóxicas que incorpora a su organismo a través de medicamentos o de antiparasitarios externos

—no indicados para gatos—. El desconocimiento del dueño o el hecho de no adquirir el medicamento en una veterinaria (con su consabido consejo de uso) hacen que, luego de ser administrado, se produzca la intoxicación.

Nota

Es imprescindible asegurarse de que los productos o medicamentos estén indicados para gatos. Ante la duda, no utilizarlos.

El gato adulto

Al llegar a la pubertad, los animales completan su desarrollo tanto corporal como de conducta. En ese momento, comienza la etapa adulta, en la cual se termina de definir el temperamento. Todos los cuidados recibidos y las experiencias vividas durante el crecimiento, como resultado de haber sido criado correctamente, se verán reflejados en un animal estable, vivaz, sociable y de buen comportamiento, todos requisitos imprescindibles para una buena convivencia con el ser humano.

Sin embargo, en algunas ocasiones, pueden presentarse problemas que, si son detectados de inmediato y llevados a la consulta, se pueden corregir eficazmente.

Tal como ocurre con el perro, ningún gato, independientemente de la raza a la que pertenezca, debe ensuciar en cualquier lado ni ser excesivamente miedoso, inquieto, agresivo o destructor.

Las conductas problemáticas más importantes para tener en cuenta son:

- Gruñe y araña de cualquier forma que fuera.
- Se esconde permanentemente.
- Se muestra inquieto y destructor.
- Orina o defeca fuera de la bandeja sanitaria.
- Maúlla en forma excesiva.
- Se pela por lamerse demasiado.

Estas conductas son motivo suficiente para sospechar que algo anda mal, y es necesario que un médico veterinario realice un examen clínico comportamental para identificar el tipo de problema y recomendar el tratamiento apropiado.

Además, debe revisarse periódicamente la boca del gato poniendo atención en:

- Color de las encías
  (rosado = normal / rojas = patológico).
- Color de los dientes.
- Falta de piezas dentales.
- Presencia de sarro.

- Mal aliento (halitosis).
- Salivación continua (labios mojados).
- Pelaje en mal estado.

Los trastornos bucales en los gatos traen, además de los problemas locales, otras complicaciones generales debidas a la falta de alimentación, las infecciones y la falta de higiene de su pelaje.

Con respecto a la piel, se debe hacer controlar la falta de pelo, ya que hay hongos que pueden contagiarse al ser humano, y, si el gato es de cara u orejas blancas, revisar la aparición de pequeñas lesiones que parecen costras.

También se debe vigilar:

a) La obesidad, que es muy dañina en el gato y trae aparejados problemas muchas veces irreversibles.

b) La delgadez muy significativa —no característica de la raza—, que puede ser producida por problemas digestivos, renales, cardíacos, etc.

La vejez

Durante esta etapa, hay que prestar mayor atención a los cambios de conducta que se pueden presentar. Aunque a menudo son solo signos del proceso normal de envejecimiento, en otros casos pueden ser los primeros indicadores de una enfermedad física o de comportamiento.

Los motivos de consulta más frecuentes sobre conductas inadecuadas durante la vejez son:

- Duerme demasiado.
- Camina todo el tiempo.
- Maúlla sin motivo.
- Ensucia en cualquier lado.
- No responde al llamado.
- Gruñe, muerde o araña por cualquier cosa.
- Cambia el apetito.

Consejos

Ante cualquiera de estos signos, es necesario llevarlo a su veterinario para que lo examine.

Las otras especies

La gran mayoría de las personas elige como animal de compañía un perro y, en segundo lugar, un gato, superando entre ambas especies el 95 % del total de las mascotas. El 5 % restante corresponde a un gran número de especies que se denominan comúnmente: **animales no tradicionales**.

Se describirán dentro de este rubro algunas especies que hace tiempo que se adoptaron como animales de compañía —canarios, cotorritas australianas, peces— y otras que son más novedosas, como los reptiles, los cobayos o los hámsters. Pero no se hará referencia a las especies que están prohibidas, como, por ejemplo, las tortugas o las boas. Y en este sentido, es importante destacar que la persona que desee incorporar un animal a su familia debe comprometerse a elegirlo de entre las especies que están permitidas, aquellas que provienen de un criadero habilitado, con certificado de origen, y no, de la fauna silvestre autóctona. De ese modo, el comprador no solo evitará la depredación y la matanza de muchos ejemplares para que unos pocos lleguen a ser vendidos, sino que también, con su acción, combatirá el tráfico ilegal y el peligro de extinción de muchos animales.

CAPÍTULO 9

Los peces

En la búsqueda de paz y tranquilidad, nada mejor que un acuario en el hogar, para poder descansar mirando cómo los peces se desarrollan, crecen e interactúan dentro de una pecera. Si el futuro dueño es principiante en este tema de la acuarofilia, debe preguntarse primero:

- Si puede realmente mantener el acuario.
- Si tiene tiempo para dedicarle a esos seres vivos.

El tema del mantenimiento puede solucionarse fácilmente con información, pero con respecto a la dedicación, cada persona sabe si puede hacerse el tiempo necesario o no.

El acuario

Al conjunto de peces, pecera, plantas y accesorios, se lo denomina acuario. Por lo general, este va a ser un espacio comunitario, donde convivirán varias poblaciones de peces. Es aconsejable que sean de una misma región geográfica o que pertenezcan a una misma especie: Cíclidos, *Barbus*, *Carassius*.

Consejos

Es conveniente asesorarse sobre las distintas clases de peces: si pueden convivir, si son agresivas, predadoras, dominantes, para evitar que los peces más pequeños resulten lastimados o, incluso, que se coman entre ellos.

En primer lugar, hay que determinar el tamaño del acuario. Para empezar, lo ideal es armar un acuario grande, de más de 70 litros, porque exige menos mantenimiento. Se calcula que un pez de unos dos a tres centímetros requiere, por lo menos, entre dos y cuatro litros de agua para poder sentirse cómodo, evitar el estrés y la superpoblación (causa de múltiples enfermedades). También debe tenerse en cuenta el soporte donde se va a depositar el acuario: un litro de agua pesa un kilo, más el peso de los accesorios dentro del acuario (piedras, troncos, grava de fondo, etc.).

Nota

Para calcular la cantidad de litros, se puede multiplicar la altura por el ancho por el largo de la columna de agua y dividirlo por 1000. El resultado va a dar la cantidad total y permite estimar el número de peces que pueden habitar el acuario.

El sitio apropiado

El acuario no puede ubicarse en cualquier lado, sino que debe ocupar un lugar estratégico: a dos metros de una ventana y en forma perpendicular a esta, de modo que la luz solar no le dé directamente, porque de esa manera calienta el agua y pueden formarse algas. Además, la pecera debería estar cerca de un tomacorriente, para conectar el aireador, y tener una base de telgopor, para que soporte las vibraciones y no se raje el vidrio.

Para armar el interior

Para diseñar el interior de la pecera, hay que contar con una serie de elementos (no todos son indispensables):

- **Placa de fondo:** es una planchuela que va sobre el vidrio de fondo. Los filtros o placas de fondo son de gran utilidad para precipitar la materia fecal y formar una flora bacteriana aeróbica, ya que transforman esa materia fecal en abono para las plantas.

- **Grava:** piedritas (en lo posible evitar las de colores fluorescentes).

- **Aireador:** intentar que el agua se ondee y que no sea muy turbulenta la salida del aire.

- **Picos y piedra difusora:** ponerlos equidistantes en la pecera.

- **Adornos y plantas:** naturales y artificiales.

- **Calefactor y termómetro:** en caso de tener peces tropicales.

Importante

Todo el material y los utensilios (trapo, balde, etc.) deben ser de uso exclusivo del acuario y estar muy bien lavados, porque las soluciones, como la lavandina, el cloro, etc., dejan residuos que intoxican a los peces y causan su muerte.

Troncos y cañas

Pueden recolectarse de ríos o arroyos, y son mejores los de coloración pardo-rojiza oscura.

Deben curarse sumergiéndolos largo tiempo para que liberen colorantes; algunas partes pueden quedar flotando. Si las ganas pueden más que la paciencia, otra opción es sumergir el tronco en agua con lavandina, limpiarlo bien y luego hervirlo.

- *Adecuados*: raíces de sauce y troncos que hayan estado sumergidos por largo tiempo en el agua.
- *Inadecuados*: madera verde, troncos aromáticos, de pino, esponjosos.

En el caso de las cañas de río, conviene evitar las que se utilizan como adorno en las casas.

Piedras

No deben ser calcáreas. Esto se comprueba echando unas gotitas de ácido clorhídrico y, si produce burbujas, la piedra es calcárea (aumenta la dureza del agua). Tampoco pueden ser metálicas ni tener zonas de oxidación marrón. Las más apropiadas son los trozos de cerámica, granito, basalto. Si es posible, también evitar el mármol, los fósiles o los caracoles marinos.

En todos los casos, lavar con lavandina y cepillar bien sacando musgos y algas; hervir durante 15-30 minutos y quitar los bordes filosos o que puedan cortar.

Las piedras deben colocarse antes que la grava, porque los peces escarban y se puede caer o mover la piedra y lastimarlos. También se aconseja formar cuevas para que puedan resguardarse.

Plantas

En algunos casos, las plantas traen adheridos caracoles. Una forma casera de combatirlos es la siguiente: comprar sulfato de cobre pentahidratado y diluir 10 gramos en 1 litro de agua destilada. Luego, colocar las plantas en un balde y añadir, para 10 litros de agua, 0,2 centímetros cúbicos de la solución; dejar reposar durante 24 horas.

Las plantas naturales mejoran la condición de vida de los peces, ya que procesan el amoníaco de la orina y oxigenan el acuario.

Luego de poner todos los materiales dentro de la pecera, queda conformado el acuario. Solo resta agregar el anticloro para neutralizar el cloro, y el azul de metileno como desinfectante. Es conveniente dejar el acuario funcionando durante tres o cuatro días y solo después incorporar los peces.

Dónde adquirirlos

Los lugares idóneos para comprar los peces son los acuarios ya montados. Allí, deberá observarse especialmente:

- La limpieza y sanidad del local.
- Que los peces se vean activos dentro de la pecera.

- Que sus colores sean vivos y que no posean puntos blancos.
- Que la cola y las aletas no estén retraídas ni deshilachadas.
- La coloración del agua (debe ser clara y transparente).
- Que los peces no sean ni muy delgados ni muy gordos, salvo que se trate de una característica de la especie, y que su respiración no sea agitada.

Una vez adquirido el ejemplar, este viajará dentro de una bolsita con agua desde el local de venta hasta la casa. Allí, hay que colocar esa misma bolsa en la pecera, esperar 15 minutos; luego agregar un vaso de agua dentro de la bolsita, esperar otros 10 minutos, y volcar el pez mediante una red dentro de la pecera. De ese modo se evita tirar el agua de la bolsita dentro de la pecera.

Nota

Controlar que el tiempo entre la compra y la colocación en la pecera no sea muy largo.

Las especies más resistentes

Entre las clases de peces más comunes se encuentran:

- *Carassius:* son de agua fría, muy resistentes, y los predilectos a la hora de elegir una especie para principiantes.

- *Corydoras* o **limpiafondos:** también son resistentes y de agua fría, ideales para quienes se inician en la actividad.

- **Calicos y Burbujas:** de agua fría, pero más delicados; requieren un cuidado intensivo.

- **Espadas, Lebbistes y Betas:** son de agua tropical, muy resistentes, de fácil reproducción y mantenimiento.

- **Escalares y *Discus*:** de agua tropical, son poco resistentes y exigen mucha dedicación.

La alimentación

En general, la comida de los peces se basa en preparados comerciales, como escamas, *pellets*, palos de flote.

Hay dos maneras de alimentar a los peces:

a) Una vez al día, cuatro o cinco escamas por pez.

b) Varias veces al día, esa cantidad en total.

Importante

No sobrealimentar a los peces, porque son muy delicados. Aunque siempre piden y no cesan de comer, les hace muy mal y hasta puede causarles la muerte.

Enfermedades más frecuentes

Si se observa el acuario todos los días —al darles de comer a los peces, al mantenerlo—, uno puede llegar a convertirse en un observador nato, y podrá notar si hay algo fuera de lo normal. En general, hay cuatro enfermedades típicas que podrían llegar a detectarse, para después acudir a un profesional.

- **Aletas deshilachadas:** esta alteración es común cuando el agua se pone turbia y baja su PH, o sea, se acidifica. Por lo general, la cola o la aleta de un pez sano tiene filamentos que, a su vez, están rodeados por una tela que los va uniendo. Cuando el PH desciende, esa telita se resquebraja.
  - *Tratamiento*: alcalinizar el agua mediante preparados con bicarbonato de sodio o carbonato de

sodio; poner en la pecera con una cuchara y, con un medidor de PH, buscar la medida justa.

- **Natación errática:** el pez posee cilias a lo largo de su cuerpo en forma de fila, que miden el movimiento del pez en el agua y mandan la información al cerebelo para darle ubicación al nadar. Cuando el agua se encuentra muy turbia o sucia, estas cilias se tapan y causan la natación errática.
  - *Tratamiento*: cambiar el agua y limpiar muy bien el acuario periódicamente.

- **Puntos blancos** (ictioftiriasis): se depositan en las aletas y avanzan hacia el cuello, llegando a tomar todo el pez. Su origen es bacteriano, aunque también puede ser viral. A menudo aparecen luego de situaciones estresantes (cambio del agua, entrada de nuevos peces, superpoblación, etc.).
  - *Tratamiento*: preparados comerciales afines para diluir en el agua (por ejemplo, verde de malaquita).

- **Hidropesía:** se desarrolla en peces con forma obloide y se caracteriza por una hinchazón de vientre, separación de escamas, hemorragias musculares y flotación con el vientre hacia arriba (grado bastante irreversible). Afecta la vejiga natatoria, que es un saco epitelial en el abdomen anterior, encargado de dar flotabilidad al pez. Este saco se infla cuando el pez necesita flotar y se deshincha cuando necesita sumergirse. Las causas pueden ser varias: (a) virus y bacterias que atacan el epitelio, lo inflaman y, de esta manera, impiden el intercambio gaseoso; (b) dieta y sobrealimentación, que hacen que el intestino se sobrecargue y presione sobre este conducto, interrumpiendo la salida del aire.

- *Tratamiento*: no dar comida por tres o cuatro días para provocar la depuración de los peces, y mantener el agua limpia para evitar virus y bacterias (usar azul de metileno).

Nota

Los *Carassius* presentan una característica especial: poseen un conducto que une la vejiga natatoria con el esófago y que permite expulsar el aire por la boca. Este conducto se denomina ducto pneumocístico.

Los anfibios

Son descendientes de los peces. Poseen branquias para respirar debajo del agua y pulmones, para respirar fuera de ella; esto les permite sobrevivir en caso de sequías. Sus fuertes extremidades los ayudan a soportar el peso de la gravedad en la tierra.

- **Branquias:** son expansiones en forma de árbol, se hallan detrás de la cabeza, con capilares sanguíneos que la recorren. A través de ellas el agua con oxígeno ingresa en el organismo, y el dióxido de carbono procedente del organismo es expulsado al medio externo.

- **Pulmones:** son sacos vascularizados donde también se produce el intercambio gaseoso; por lo general, se desarrollan luego del estadio larvario hacia la metamorfosis. En el caso de los axolotes, por ejemplo, no completan el ciclo de desarrollo, sino que quedan en estado larvario; por eso estos animales pueden pasar toda su vida en el agua.

- **Piel:** tiene características especiales; es fina, delicada, resbaladiza y húmeda. Estos rasgos permiten una respiración cutánea; el oxígeno pasa por una delicada epidermis hacia una vascularizada dermis, donde tiene lugar parte del intercambio gaseoso.

Los axolotes

Provienen de la cultura mexicana (azteca), y su nombre significa "perro de agua". Pueden vivir de diez a quince años en su etapa larvaria, gracias a sus branquias de color rojizo en el dorso de su cuello.

El agua de la pecera o acuario donde vivan necesita un cuidado especial: la temperatura debe mantenerse entre los 14 y los 18 °C, con un PH de 7.6 o 7.8 y una dureza de 10°.

Características:

- Compatibles con individuos de su misma especie.
- De hábitos nocturnos y pacíficos.
- Sensibles a la luz por la textura y conformación de su piel.

La alimentación puede incluir: trozos de corazón vacuno, preparados comerciales, caracoles, larvas de mosquito. Comen cada dos o tres días.

Nota

Es preferible no tocarlos todo el tiempo porque tienen una piel sumamente delicada.

Los tritones

Son anfibios de la familia *Salamandridae*, del orden de los urodelos, y pueden regenerar alguno de sus miembros luego de perderlos. Requieren un espacio de tierra y una columna de agua fría de 10 cm, donde permanecen la mayor parte del tiempo. La alimentación es similar a la de los axolotes.

Características:

- Buenos escaladores.
- Curiosos.
- Sensibles a la desecación de su piel (por lo tanto, no usar luz directa).
- De hábitos tranquilos.

Los roedores

Los hámsters

De origen europeo, estos pequeños roedores son vivaces, sociables, pero a la vez algo feroces si no se los trata con cuidado. De gran actividad nocturna, viven aproximadamente tres años.

Algunos consejos

- Limpiar y llenar el recipiente de comida y el de agua todos los días.
- Cambiar su cama las veces que sea necesario, procurando que no esté húmeda. Para eso, buscar viruta libre de taninos, químicos o sustancias que la perjudiquen.
- No poner la jaula o "hamstera" en el medio de una corriente de aire, ya que puede dañar sus oídos.
- Buscar un ambiente con temperatura estable, donde la luz del sol no le dé directamente.
- Mantener la higiene, para que no haya olores y no se deteriore su salud.
- Procurarle juegos, ya sea la rueda, un tronco, un carretel.

- Para tocarlo o agarrarlo, conviene poner la mano en forma de copa, debajo o al lado de él, para que se suba. Si se intenta agarrarlo desprevenido y desde arriba, lo más factible es que se defienda y muerda.

> — *Importante* ——————————————
>
> Son muy habilidosos para escaparse de sus receptáculos, por lo tanto, hay que tener muchísimo cuidado.

Los hámsters se reproducen rápidamente: cada cuatro días entran en celo y solo tienen unos dieciséis o veinte días de gestación. Durante este período, es importante suministrarle a la hembra alimento balanceado canino con gusto a carne, además de su mezcla comercial habitual, para que no se coma a sus crías. Incluso es de vital importancia no tocar las crías en los primeros quince días para que la madre no se las coma al no reconocerlas. La lactancia dura treinta días.

Los cobayos

Son animales pequeños, bajos y compactos, que carecen de cola. No necesitan cuidados permanentes, excepto por sus dientes, que no cesan de crecer, y por lo tanto deben ser controlados periódicamente. Las tres variedades principales son:

- el cobayo de pelo corto (inglés o americano)
- el cobayo abisinio (de pelo corto y áspero que crece en rosetas)
- el cobayo peruano (de pelo muy largo y suave)

Si bien se caracteriza por ser un animal sociable y tranquilo, cuando quiere comida o agua, o cuando se siente incómodo por la suciedad de su casa, se molesta y se hace oír mediante agudos chillidos.

Importante

Si el dueño de una hembra desea que esta tenga cría, es conveniente que la primera preñez sea entre los siete y los nueve meses de edad para evitar posibles dificultades durante el parto. La gestación dura entre 65 y 73 días, y no necesitan nido para parir.

Su espacio

Como no tiene por costumbre trepar o saltar, el diseño de su recinto es más sencillo. Las principales opciones son:

1) Una jaula, que tiene que ser de acero inoxidable, sin pintura para evitar intoxicaciones.

2) Un recinto tipo pecera, que puede ser de vidrio o de plástico; el fondo debe estar cubierto con una capa (cama) alta de viruta de madera blanca o, como alternativa, cartón; no debe usarse papel de diario porque la tinta lo puede intoxicar. Esta cama debe cambiarse con frecuencia para evitar el exceso de humedad y suciedad, que se acumulan rápidamente.

Para ambos casos, las necesidades básicas son:

- El tamaño del lugar debe permitir al cobayo desplazarse con comodidad tanto a lo largo como a lo ancho para ejercitarse.

- El agua debe colocarse en un bebedero tipo biberón colgado de una de las paredes, y la comida, directamente sobre el piso.

- El recinto debe estar ubicado en una zona tranquila, protegido de corrientes de aire frío, exceso de humedad o sol fuerte directo.

- Para limpiar el recinto, solo se emplean agua y un trapo.

La alimentación

Las mezclas balanceadas para cobayos suelen aportar todos los nutrientes necesarios y constituyen un alimento adecuado. Se las puede combinar con verduras verdes crudas, pero solo una vez a la semana y en poca cantidad.

Importante

No descuidar, por ningún motivo, el aporte de vitamina C, adicionándola al agua o a través del suministro de cítricos. Su déficit es mortal para esta especie.

CAPÍTULO 12

Los reptiles

Los reptiles provocan en las personas diversas reacciones: a algunas les resultan agradables y simpáticos; a otras les producen miedo o repulsión. Sin embargo, cada vez es más habitual ver a estos animales adoptados como mascotas. Ofrecen algunas ventajas con respecto a perros y gatos, por ejemplo, su pequeño tamaño, su bajo costo de mantenimiento y su practicidad. El reptil más común como mascota es la iguana.

Características generales

- Son animales vertebrados.
- Su piel está bien reforzada, para protegerse de sus atacantes.
- En su mayoría, no son agresivos y pueden convertirse en buenos compañeros, especialmente de los adolescentes.

Manejo

Al manipularlo, hay que tener mucho cuidado con las mordeduras, los arañazos y los latigazos de la cola. Para no tener inconvenientes, se debe sostener al animal por el dorso a la altura de los miembros delanteros, intentando así controlar con una mano todos sus miembros y la cabeza, y con la otra, tomar la cola.

> **Nota**
>
> Como en los casos anteriores, es importante adquirir estos animales en lugares habilitados para tal fin y con el correspondiente asesoramiento veterinario. De esta manera, no se pone la especie en peligro de extinción.

Necesidades básicas

Al adquirir un reptil, la principal cuestión por resolver será la del espacio en donde vivirá el animal, puesto que debe tener las comodidades, la alimentación y el ambiente propicio para desarrollarse.

- Poner en un recipiente de vidrio o una pecera ramas, plantas para proporcionarle movilidad y lugar donde protegerse, piedras y agua.

- Controlar la temperatura, sobre todo en el invierno. Esta debe oscilar entre 25° C de día y 20°C de noche. Se puede mantener en un ambiente cálido o mediante sistemas de calefacción.

- No descuidar la humedad en el ambiente, porque su falta ocasiona problemas respiratorios y de piel. Para solucionarlo, colocar un recipiente con agua.

- Mantener su territorio limpio para evitar enfermedades.

- Respetar sus hábitos alimenticios. Por ejemplo, las iguanas, generalmente, son vegetarianas; sin embargo, algunas comen insectos.

- Si no se les da preparados comerciales, lavar bien la verdura (repollo, remolacha, chauchas, zapallo, zapallito, alfalfa). En todos los casos, cortar la comida en trocitos para que pueda masticar.

- Evitar darles cítricos (producen diarreas), peras, manzanas, berenjenas, papas y flores (como azaleas, amapolas).

- Tener cuidado con las quemaduras por exceso de luz y las avitaminosis por carencia de luz solar (buscar el equilibrio).

Consejos

Dadas las características de los reptiles, el futuro dueño debe pensarlo bien antes de adquirir este animal como mascota.

CAPÍTULO 13

Las aves

Como sucede con todo animal que vive en cautiverio, existen ciertas condiciones básicas que la persona que desea tener un pájaro deberá tener en cuenta.

Un ave, en principio, necesita:

- Tener agua y comida a disposición continuamente, dado que sólo podrá conseguir la que le dé su dueño.
- Disponer de una jaula o jaulón cómodo, fácil de limpiar, que esté en un lugar ventilado y que, sobre todo, respete la luz del día.

Consejos

Es conveniente que, en el piso de la jaula, por debajo de la rejilla, se coloque un papel mojado o húmedo, de manera que las deposiciones no se volatilicen, sobre todo cuando las aves viven en relación estrecha con sus dueños.

Al momento de adquirir un ave, es importante constatar que el lugar esté habilitado para su venta, con certificados de sanidad emitidos por el veterinario responsable, de acuerdo con las leyes vigentes en cada país. Los lugares no habilitados y los vendedores ambulantes no son confiables, dado que es imposible saber la procedencia de los ejemplares, los cuales, generalmente, son producto de la caza prohibida y la depredación. Tampoco se pueden hacer los reclamos correspondientes, si fuera necesario. Además, el comprador debe fijarse en las siguientes características y detalles:

- El ave debe tener los ojos vivaces y brillantes, y debe estar alegre (ante decaimiento o apatía, no comprar).

- Sus plumas deben ser suaves y estar adheridas al cuerpo (no deben faltar plumas, puede ser señal de enfermedad).

- Si el ave se encuentra en el estado de muda, no adquirirla; tampoco, si el ave no come por sí sola.

- El lugar de venta y las jaulas deben estar limpios.

La alimentación

Una vez que el futuro dueño ha decidido qué clase de ave quiere, el siguiente paso es informarse acerca del tipo de alimentación y las costumbres que tiene, para respetarlas y hacer más placentero su cautiverio.

En este sentido es importante proveerlo de mezclas alimenticias de uso comercial o preparadas especialmente, las cuales deben estar libres de polvillo (semillas ventiladas), para evitar que el ave adquiera aspergillosis (un hongo que puede venir en los granos). También se puede complementar la dieta, de acuerdo con el ave, con alimentos naturales, como frutas, vegetales y huevos.

- **Semillas**: alpiste, girasol, mijo, avena, etc.
- **Verduras**: lechuga, berro, remolacha, zanahoria, etc. (una vez por semana).
- **Frutas**: manzanas, peras, bananas, etc.
- **Preparados comerciales** con anexo de vitaminas.

La salud

Las aves son muy frágiles, de modo que lo conveniente es consultar con un especialista cuando algo resulta extraño o causa preocupación. En muchos casos, esto les puede salvar la vida. Es importante observar:

- el plumaje
- el ánimo
- la actitud en la jaula
- las deposiciones

Otro aspecto para tener en cuenta es el ambiente en el cual vive la familia y, por lo tanto, también el pájaro. En general, siempre que sea posible, conviene respetar tanto la luz como la temperatura del exterior. Esto implica que, si amanece afuera, también se ilumine su ambiente y que, al anochecer, oscurezca asimismo para él. Lo mismo con las temperaturas, salvo en los casos extremos, para que, de esa manera, el ave pueda seguir los ciclos de su vida de la mejor manera y de acuerdo con las zonas donde viva; por ejemplo, para que realice una muda o cambio de plumaje en la época que corresponda.

El ciclo de la muda tiene lugar en los momentos más calurosos del año: las aves cambian su antiguo plumaje y preparan el nuevo para la época de frío. Durante dicho proceso, es muy factible ver que el ave:

- No canta.
- Se encuentra caída e indiferente.
- Presenta una anormal reposición de sus plumas.

En esos casos, corresponde consultar con un veterinario para complementar su alimentación con los elementos necesarios, con el fin de corregir el problema.

Consejos

En el invierno, puede suceder que los pájaros que viven dentro de una casa con calefacción experimenten una muda algo ligera. Esto es totalmente normal, dado que, si cambia la temperatura del ambiente, el ave también debe efectuar la muda para adaptarse a las nuevas condiciones.

Problemas generales

- Es necesario vigilar la actitud del ave dentro de su jaula; debe estar activa y vivaz, y moverse en todas direcciones.

- El plumaje debe estar firme y completo. Si hay lesiones en las plumas, puede deberse a parásitos externos (piojillo). En cambio, si las plumas están abiertas, dando forma redondeada al ave, podría indicar que está padeciendo un cuadro infeccioso. En general, las plumas deben estar bien posicionadas, siguiendo las líneas del cuerpo, y las deposiciones tienen que ser del color blanco-verdoso tradicional.

- También hay que cuidar el ave de los mosquitos durante el verano. Si la vivienda no tiene la protección necesaria para impedir el ingreso de estos insectos, hay que proteger la jaula con un tul, tal como se hace con los bebés. Las picaduras causan severas lesiones, y en aves jóvenes o pichones, pueden provocar hasta la muerte.

- Las patas deben estar limpias, sin engrosamiento o costras, y las uñas debe ser de tamaño normal.

- El ave debe disponer de agua para beber y de una bañera para refrescarse. La jaula se higienizará a diario.

- La inflamación de la glándula sebácea (granito) es la enfermedad más común. Esta glándula está ubicada por encima del nacimiento de la cola, de aspecto de grano. Las aves la utilizan para impermeabilizarse y cubrir sus plumas: pasan el pico por la cola y luego esparcen ese sebo por su plumaje. Cuando se inflama, por picaduras de mosquitos, sobreproducción u otras causas, es de vital importancia acudir al veterinario para solucionar ese problema. Entonces, cuando el ave presenta un aspecto de plumas abiertas (embolado), como si tuviera frío, es necesario controlar la glándula. Y si está más grande, caliente y presenta algún tipo de secreción, es el momento para hacerla revisar.

El hábitat

Las aves en cautiverio necesitan contar con un ambiente adecuado según las características de cada una de ellas. Pero, en general, hay que considerar dos ítem:

- **Ambiente**. Se debe controlar:
  - temperatura
  - humedad
  - ventilación
  - higiene general

- **Hábitat**. Pueden ser jaulas o jaulones, si es que conviven varios animales. En estos casos considerar:
  - limpieza diaria
  - espacio adecuado
  - comederos y bebederos accesibles fabricados con materiales no tóxicos
  - perchas (elementos de apoyo) limpias

Las cotorras

Conocida también como periquito, la cotorra es uno de los pájaros de jaula más criados de todo el mundo: es simpática, sociable, bonita, rústica, doméstica y pequeña. Otra ventaja es que su manutención no resulta difícil.

A pesar de que las cotorras se adaptan bastante bien a los seres humanos, tienen algunas necesidades propias de la especie.

La jaula

Puede tener diversas formas y tamaños, pero, en todos los casos, debe ser lo suficientemente amplia como para permitirle al ave moverse y, si es posible, hasta algunos pequeños vuelos. La jaula ideal es, sin duda, la rectangular, de desarrollo horizontal, porque permite un mejor aprovechamiento del espacio.

A la hora de elegir la ubicación para la jaula, es importante tener en cuenta lo siguiente:

- Si la pajarera está en el exterior, proveerla de un techo que la proteja de la lluvia y del sol directo.
- No colocarla nunca en la cocina o en el baño, pues los vapores son perjudiciales para la salud del ave.
- Tampoco situarla frente a una ventana que se abra con frecuencia, para evitar los golpes de aire bruscos.
- Ubicarla en un lugar accesible para la limpieza y el cambio del agua y la comida.
- El cuarto de estar, al lado de una ventana cerrada no expuesta al sol directo, es el lugar ideal para

colocar la jaula; de esta forma el periquito podrá disfrutar de la luz y de nuestra compañía.

Accesorios

La jaula puede decorarse con varios accesorios para hacerle más cómoda la vida a la cotorra o periquito y para que resulte fácil ejecutar las operaciones de mantenimiento.

- **Los apoyos:** pueden ser de plástico o de madera; generalmente, son redondos, y sus dimensiones deben permitir a las patas un agarre correcto.

- **Los comederos:** por lo común, son de plástico y pueden estar formados por una o dos piezas, siendo preferibles estos últimos por su fácil limpieza. Se cuelgan exteriormente en las puertas de servicio.

- **Los bebederos:** los más funcionales son los de plástico y con sifón. El agua ha de cambiarse diariamente.

- **La bañera:** es preferible que sea de plástico y fácil de desinfectar; puede estar tanto en el interior, colgada de una de las puertas, como en el exterior.

- **El nido:** deberá tener la forma de una cajita de madera con el orificio de entrada en la parte más alta. También puede disponer de una abertura en el techo para poder controlar lo que ocurre en su interior.

- **Los juguetes:** en los comercios especializados se pueden comprar cadenitas con campanilla, escaleritas, columpios, espejitos, pelotas y muchos otros juguetes. Sin embargo, no conviene llenar demasiado la jaula para no restarle espacio vital.

Importante

Es fundamental cambiar con frecuencia tanto el agua como el alimento, y mantener la limpieza y la desinfección de la jaula y de los accesorios en general.

CAPÍTULO 14

Zoonosis

El término "zoonosis" define a las enfermedades que los animales pueden transmitir a los seres humanos. A continuación, se describen las más frecuentes:

Rabia

Esta enfermedad, que se transmite de los perros y los gatos al ser humano, está hoy bastante controlada, especialmente en las zonas urbanas, que en otros momentos eran zonas de riesgo (endémicas). Sin embargo, aún persiste en algunos lugares, aunque se modificó ese esquema primitivo de riesgo: el virus ahora está ubicado, como espacio de reservorio, en los murciélagos.

Por lo tanto, como dicho control se logró gracias a la vacunación antirrábica, es necesario seguir vacunando a los perros una vez por año. Especialmente, no hay que olvidarse de vacunar a los gatos, ya que, por una razón natural —el gato es cazador, predador, de hábitos nocturnos— tienen más posibilidades de contactarse con un murciélago.

Nota ———————————

Es aconsejable castrar a los gatos para que no salgan mucho de las viviendas, y, si son cazadores, colocarles un pequeño cascabel para que se anuncien y no puedan cazar murciélagos.

Toxocariasis

Es una enfermedad producida por un parásito (*Toxocara canis*, *Toxascaris leonina* y *Toxocara catis*) cuyos huevos son eliminados en la materia fecal de perros y gatos, y sus larvas, que quedan en el ambiente (tierra, arena, etc.), se introducen en el organismo de los seres humanos y afectan su ciclo normal.

Cuidados

- Desparasitar a los perros y a los gatos desde cachorros.
- Según los hábitos de vida, consultar con el veterinario cuantas veces por año se necesite.
- Higienizar las manos de los niños después de jugar en la tierra.
- Tener especial precaución con los areneros de las plazas, si no están protegidos contra el ingreso de animales.

Leptospirosis

Muchos animales padecen esta enfermedad: caninos, bovinos, caprinos, ovinos. El gato, en cambio, tiene cierta resistencia.

Se transmite por la orina de los animales enfermos –y aun después de curarse–, que se diluye con agua estancada o de poca corriente. El agente causal puede vivir allí meses con posibilidad de contagiar.

Cuidados

- Vacunar a los perros.
- No dejarlos solos en la vía pública.
- Evitar el contacto con perros vagabundos.
- No permitir que laman el agua estancada o la orina de otros perros.
- Para los humanos, no realizar juegos ni introducirse en agua con poca circulación o estancada.

Toxoplasmosis

En realidad, solo un pequeño porcentaje del total de los casos humanos de esta enfermedad se debe al contacto con un gato. Sin embargo, hay que incluirlos en el ciclo de la enfermedad para evitar los riesgos, ya que es por su materia fecal por donde los seres humanos pueden contagiarse.

Cuidados

- Alimentar a los gatos con alimentos balanceados comerciales, o cocinar cualquier tipo de carne que coma.
- Si el animal es cazador conviene —como ya se dijo— colocarle un cascabel, de modo que anuncie su presencia, y el pájaro o el roedor no puedan ser cazados y, por lo tanto, el gato no se contagie ninguna enfermedad.
- Acostumbrar al gato a hacer sus deposiciones en las piedritas sanitarias para poder eliminarlas diariamente.
- Si en la zona de residencia hay muchos gatos vagabundos, que pasan de una vivienda a otra por los fondos o por los jardines, es preciso limpiar y hacer las actividades de jardinería con guantes de goma y en forma periódica, ya que la tierra queda contaminada por mucho tiempo.

Sarna

Se presenta en el perro con lesiones de la piel, costras y mucha picazón. El contagio se produce de un animal a otro; por lo tanto, lo ideal es no dejarlos libres, sin control.

Cuidados

- Hacer controlar cualquier lesión de la piel que cause picazón y tenga costras.
- No dormir con el perro.

Micosis

Esta enfermedad también produce lesiones en la piel causadas por agentes denominados hongos, que comparten perros y gatos. Son redondas o difusas, y causan poca o ninguna picazón. Del mismo modo que en el caso anterior, los cuidados implican controlar cualquier lesión como las indicadas, y, para las personas, no dormir con la mascota.

Psitacosis

Es una enfermedad propia de las aves en general, aunque encuentra más susceptibilidad en los grupos de los psitácidos: loros, cotorras, papagayos, etc.

No tiene un síntoma específico, puede manifestarse con diarreas, decaimiento, conjuntivitis, y otros. La cantidad de casos aumenta notablemente en verano, que es cuando se vende la pichonada sin ningún control o precaución.

Cuidados

- Al adquirir un ave, hay que ser cauteloso y tratar de averiguar su procedencia. En todo caso, se la puede poner en cuarentena con medicación específica indicada por el veterinario a cargo del lugar de compra.
- Evitar que el ave experimente situaciones de estrés.
- No permitir que tenga contacto a través de su jaula con pájaros del exterior.
- Limpiar la jaula y los utensilios todos los días.
- Colocar un papel mojado debajo de la rejilla y sobre la bandeja, para facilitar la limpieza y evitar que se seque la materia fecal y se volatilice.
- No compartir durante mucho tiempo los mismos ambientes.

Consejos

En general, estas son las enfermedades más comunes; de todas maneras, al adquirir un animal de compañía, se recomienda consultar enseguida con el veterinario y averiguar qué enfermedades son más frecuentes en la zona donde uno vive y cómo prevenirlas.

Perfil del autor

Dr. Eduardo Agustín Reynés
Médico veterinario en clínica y cirugía de pequeños animales y en zoonosis. Además de su labor profesional en consultorio, se desempeña como vocal del distrito 1 del Colegio de Veterinarios de la Provincia de Buenos Aires.

COLABORADORES:

Dr. Rubén Mentzel
Médico veterinario especialista en perros y gatos. Docente autorizado de la cátedra de Etología en el Hospital Escuela de la Facultad de Veterinaria de la Universidad de Buenos Aires.

Dr. Osvaldo A. A. Rinaldi
Médico veterinario especialista en clínica y cirugía de pequeños animales. Presidente del distrito 1 del Col. Vet. Pcia. Bs. As.

Dr. Roberto Viguera
Médico veterinario especialista en clínica, cirugía y oftalmología de pequeños animales, y especialista en bromatología. Secretario del Col. Vet. Pcia. Bs. As.

Dr. Jorge A. Nosenzo
Médico veterinario especialista en clínica y cirugía de perros y gatos. Tesorero del distrito 1 del Col. Vet. Pcia. Bs. As.

Dr. Eduardo Quaine
Médico veterinario especialista en clínica y cirugía de pequeños animales. Vocal del distrito 1 del Col. Vet. Pcia. Bs. As.